Āyurveda und Poesie

Āyurveda und Poesie

Lolimbarājas Lehrgedicht »Leben des Arztes«

herausgegeben und übersetzt
von Jürgen Hanneder
und Thomas Schäfer

Indica et Tibetica Verlag
Marburg 2018

Die Photographie auf dem Umschlag hinten zeigt den Schrein der von Lolimbarāja erwähnten Göttin Saptaśṛṅgī bei Nasik in Mahārāṣṭra und entstammt der Sammlung Sontheimer. Der Abdruck geschieht mit freundlicher Genehmigung der Bibliothek des Südasien-Instituts, Heidelberg.

Bibliographische Information Der Deutschen Bibliothek
Die Deutsche Bibliothek verzeichnet diese Publikation in der Deutschen Nationalbibliographie; detaillierte bibliographische Informationen sind im Internet über http://dnb.ddb.de abrufbar.
Bibliographic information published by Die Deutschen Bibliothek
Die Deutsche Bibliothek lists this publication in the Deutsche Nationalbibliographie; detailed bibliographic data is available in the Internet at http://dnb.ddb.de.

Satz: Jürgen Hanneder
Herstellung: BoD – Books on Demand GmbH, Norderstedt

ISBN 978-3-923776-57-3

Inhalt

Vorwort

Die altindische Medizin, das sogenannte »Wissen vom langen Leben« (*āyurveda*), hat sich in den letzten Jahrzehnten in moderner Verpackung und kommerziell enorm erfolgreich in Europa und Nordamerika verbreitet.[1] Wie im Falle des Yoga beruht die werbewirksame Faszination des Āyurveda unter anderem auf dem Anspruch, daß hier eine »uralte« Medizin praktiziert wird, wobei dieser Vorstellungskomplex wahlweise eine größere Authentizität oder eine wie auch immer geartete vormoderne Ganzheitlichkeit zu suggerieren scheint. Dabei bestehen aber Differenzen über die Sicht des Āyurveda. Ist es eher als »wellness«-System zu verstehen – so wie es in der populären Wahrnehmung in Europa häufig präsentiert wird – oder ist es ein System der Alternativmedizin mit empirisch belegbaren, in Hinblick auf die Schulmedizin konkurrenzfähigen Wirkungen, so wie es der zeitgenössische indische Umgang mit dem Āyurveda suggeriert?

Hinter dem in der Presse gepflegten Bild steht inzwischen ein ausgewachsener Wirtschaftszweig mit internationalen Firmen, deren Yoga- und Āyurveda-Produkte weltumspannend verfügbar sind. Aber auch die gegenwärtige indische Regierung versucht aus dieser Entwicklung Kapital zu schlagen, indem sie sich geschickt an die Spitze der Bewegung setzt, um ihre nationalistische Kultur- und Geschichtsdeutung öffentlich zu verankern und den »wellness tourism« zu fördern. Die Aufklärungsarbeit der Wissenschaft kann gegen solche Interessen erfahrungsgemäß wenig ausrichten, obschon die Indologie eine wissenschaftlich tragfähige Beschreibung der Medizingeschichte anhand der Texte durchaus nachzeichnen kann.[2]

Das hier im Sanskritoriginal edierte und ins Deutsche übersetzte *Vaidyajīvana*, »Leben des Arztes«, ist ein eher ungewöhnliches Werk. Der Sache nach handelt es sich um eine Sammlung von Arzneimittelzubereitungen, die nach Krankheiten geordnet erklärt werden, eine Art Rezeptbuch. Der Autor will sein Werk aber zugleich als Poesie aufgefaßt haben. Und in der Tat beinhaltet das Werk eine interessante Verbindung von recht ungleichen Genres, nämlich eines medizinischen bzw. pharmakologischen

---

[1] Siehe hierzu etwa DAGMAR WUJASTYK und F. M. SMITH: *Modern and Global Ayurveda.* New York 2008. [2] Siehe hierzu das mehrbändige Standardwerk von MEULENBELD, G. J.: *A History of Indian Medical Literature.*

Lehrbuches und der Sanskritpoesie. Wie der Autor zwischen den beiden vermittelt, ist bemerkenswert und erklärt, warum das Werk, zu dem viele Quellen bekannt sind, offenbar beliebt war.

Der Blickwinkel, unter dem dieses Werk hier erschlossen wird, ist, auch wenn einer der Autoren im Hauptberuf Mediziner ist, kein praktischer, sondern ein rein historischer. Es sei hier ausdrücklich darauf hingewiesen, daß die genannten Rezepte in keiner Weise dem Anspruch und Standard moderner Medizin hinsichtlich der Dosierung, Zuverlässigkeit und vor allem der Patientensicherheit entsprechen. Vor einer unkritischen Anwendung muß hier mit Nachdruck gewarnt werden.

Eine weitere Warnung betrifft den Sanskrittext selbst, dessen Edition zunächst gar nicht geplant war. Die Neuedition ist weit von einer kritischen Ausgabe entfernt. Der gebotene Text ist zwar, wie wir hoffen, verläßlicher und durchdachter als der der üblichen Druckausgaben, aber die eigentlich gebotene Einbeziehung der großen Zahl an Handschriften war nicht zu bewältigen.

Unser Dank gilt Maximilian Mehner, durch dessen Korrekturlesung das Werk sehr profitiert hat.

Einleitung

Der Autor Lolimbarāja und sein Werk

Unter der riesigen Zahl an Sanskritwerken, welche die klassische indische Medizin hervorgebracht hat, stechen die Werke des im ausgehenden 16. Jh. wirkenden Arztes und Schriftstellers Lolimbarāja aus mehreren, gleich zu beschreibenden Gründen heraus.

Das hier präsentierte »Leben des Arztes« (*Vaidyajīvana*) ist zunächst ein Rezeptbuch, in welchem nach Diagnosen sortiert Arzneien und ihre Herstellung beschrieben werden, also das Wissen, mit dem sich der Arzt im Indien des Autors seinen Lebensunterhalt verdiente. Der Autor hat die Aufgabe, āyurvedische Rezepte für bestimmte Diagnosen knapp und einprägsam zu formulieren, in einer für Indien nicht untypischen Weise gelöst. Der Text ist metrisch abgefaßt, es handelt sich also nach abendländischem Verständnis um ein Lehrgedicht. Dies ist für Indien nichts Ungewöhnliches, da alle Arten von Texten, die memoriert werden sollten, von der Grammatik bis zum Bogenschießen, in Versen abgefaßt sein können, ohne dadurch zur Dichtung (*kāvya*) zu zählen. Doch Lolimbarājas Werk ist zugleich ein dichterisches Werk. Nicht nur verwendet er eine poetische Diktion, sein Text weist alle erdenklichen Merkmale des dichterischen Genres von konventionellen Vergleichen und Sprachfiguren bis hin zu medizinischen Rätselstrophen auf. Das Werk ist in vielen verschiedenen Metren abgefaßt, was den Anspruch des Autors, hier nicht nur ein wissenschaftliches Lehrbuch (*śāstra*) vorzulegen, sondern ein vollgültiges Gedicht, unterstreicht.

Lehrgedichte sind in Indien gängig, die Fusion von Belehrung und Poesie durchzieht die altindische Literatur. Doch bei Lolimbarājas Werk tritt eine einzigartige poetische Selbstinszenierung des Autors als Arzt und Dichter hinzu. Während altindische Autoren meist der Maxime folgen, daß der Poet hinter seinem Werk zurücktreten soll, bezeichnet Lolimbarāja sich selbst recht unbescheiden als »Dichterfürst«.[1] Zu diesem immer

[1] Im *Vaidyajīvana* tritt er als »Zierde der Dichter« (*uttaṃsaḥ kavitākṛtāṃ*, *Vaidyajīvana* 5.21) auf, in anderen Werken als *kavināyaka*, dann sogar indo-persisch als »Herrscher des Dichtergeschlechts« (*kavikulasulatāna*, *kavipātaśāha*).

wieder zur Schau gestellten Dichterstolz[1] kommt im *Vaidyajīvana* eine Eigenheit, mit der der Autor eigentlich die Grenzen seines Genres sprengt. Lolimbarāja führt seinen Lehrdialog nicht mit einem anonymen Schüler oder, wie im philosophischen Genre üblich, mit einem Gegner, vielmehr ist seine Frau Ratnakalā (alias Murāsā) die Dialogpartnerin. Mit diesem Kunstgriff bringt sich – und das ist ungewöhnlich – der Dichter ständig ins Bewußtsein des Lesers. Ein eher weitläufig verwandtes Modell für dieses *setting* wäre allenfalls im religiösen Bereich zu finden, im upaniṣadischen Dialog Yājñavalkyas mit seiner Frau oder auch in der Rahmenhandlung einiger Tantras, in denen allerdings der Gott Śiva seine Gattin Pārvatī belehrt. Und wie im Tantra stellt sich auch im *Vaidyajīvana* die Frage, ob die Gattin einer solchen Belehrung eigentlich bedarf. Denn Lolimbarāja beschreibt seine Frau als selbst heilkundig und als Kennerin der schönen Literatur. Damit tritt die Belehrung bewußt in den Hintergrund und das *setting* erweist sich als Mittel zur poetischen Inszenierung des Dialogs. Eine solche tritt uns in den Anreden des Autors an seine Frau entgegen, die zum Beispiel ihre Schönheit mit gewählten Vergleichen ausdrücken. So entsteht ein poetischer Rahmen für den eigentlichen Inhalt des Werks, die Aufzählung von meist pflanzlichen Inhaltsstoffen eines Heilmittels mit passender Diagnose. Der Autor lotet auch hier die Grenzen der Dichtung aus: Er schreckt nicht davor zurück, anläßlich der Rezeptur für ein Aphrodisiakum seiner Frau gegenüber anzügliche Bemerkungen zu machen.

Zu Leben und Werk des Autors existiert eine sehr ausführliche Studie von Brahmananda Tripathi,[2] die aus einer Dissertation an der Agra University hervorgegangen ist. Auf mehr als zweihundert Seiten stellt der Autor Lolimbarāja und sein Werk nicht nur umfassend dar, sondern druckt auch alle bekannten Werke des Autors in einem zweiten Teil ab, einige davon von ihm selbst für den Zweck erstmals ediert.[3] Auch Meulenbelds Dar-

---

[1] Im Sanskrit werden solche eigentlich als unschicklich empfundenen Passagen gerne mit Hilfe eines *terminus technicus*, der die »stolze Rede« bezeichnet (*prauḍhokti*), als Stilmittel verstanden und dadurch gewissermaßen entschärft. [2] BRAHMANANDA TRIPATHI: *Lolimbarāja aur unakī kṛtiyān. ek adhyayana. Lolimbarāja and his works: A study.* Varanasi 1977.
[3] Nämlich *Camatkāracintāmaṇi*, *Vaidyakakāvya* und *Ratnakalācarita*.

stellung des Autors in seiner monumentalen Literaturgeschichte[1] beruht weitgehend auf dieser beeindruckenden Pionierleistung.[2]

Tripathi bespricht die unbeglaubigten Geschichten, die sich um das Leben von Lolimbarāja ranken, mit gesunder Skepsis. Wir hören, daß sein Vater eine berühmte Persönlichkeit am Hofe von Harihara war,[3] aber tatsächlich ist der König so unbekannt wie sein Hof. Die auf *tradition* beruhende Geschichte über Lolimbarāja, die ein früherer Herausgeber berichtet, nämlich daß Lolimba unbegabt gewesen sei, aber durch Verehrung einer Gottheit zum begnadeten Dichter oder auch Arzt und Musiker wurde, beruht so offensichtlich auf einem hagiographischen Motiv,[4] welches man in den Lebensbeschreibungen anderer berühmter Persönlichkeiten finden kann, daß man hier einen historischen Kern nicht vermuten darf.[5]

Für die Datierung des Autors kann man hingegen auf gesicherte Daten zurückgreifen: In einer Schlußstrophe des *Harivilāsa*, einem religiösen Gedicht Lolimbarājas, finden wir als Jahr der Abfassung 1583/84, unser Autor wird also im späten sechzehnten Jahrhundert gewirkt haben. Meulenbeld referiert aus Tripathi die Annahme, daß das Alter des Lolimbarāja zum Zeitpunkt der Abfassung des *Harivilāsa* bereits etwa 45 Jahre betrug, und von einem Geburtsjahr um 1538/39 ausgegangen werden kann.

Andere in der älteren indischen Sekundärliteratur aufgeworfene Probleme, wie etwa die Frage, ob es mehrere Autoren des Namens gegeben haben könnte, diskutiert Tripathi ausführlich und verwirft sie mit Hinweis darauf, daß sich einige Eigenheiten des Autors, wie etwa die Selbstdarstellung als Dichterfürst, in allen Werken finden.

Gesichert ist weiterhin, daß Lolimbarāja Sohn eines Divākara war und in der Stadt Junnar im heutigen Bundesstaat Mahārāṣṭra, etwa einhundert Kilometer nördlich von Puṇe, lebte. Tripathi zitiert eine Strophe aus einem Kommentar zum *Harivilāsa*, wo er als »Dichter Lolimba, Bewohner der Stadt Junnāra« bezeichnet wird.[6] Lolimbarāja bezeichnet sich selbst als Angehörigen der Ratsversammlung (*sabhā*) und bezieht sein *Harivilāsakāvya*

---

[1] Meulenbeld, G. J.: *A History of Indian Medical Literature*. Band II A. Groningen: Egbert Forsten 2002, S. 257–262. [2] Dies gilt natürlich auch für die anderen beiden hier verwandten Werke von Pai (2006) und Saxena (2000). [3] So bei Saxena, S. iv: »Lolimbarāja was son of Pt. Diwākara Joshī the renowned personality in court of king Harihara.« [4] Die Idee hierfür könnte man aus *Vaidyajīvana* 1.2cd gewonnen haben. [5] Auch Pai referiert sie (S. xiii), macht aber klar, daß sie ohne »concrete evidence« seien. [6] Tripathi, S. 10.

auf den besagten Herrscher Harihara. Vermutlich war er Gelehrter an einem kleinen Fürstenhof, über den wir keine weiteren Kenntnisse haben.

Lolimba nennt in einem Werk explizit die lokale Gottheit Saptaśṛṅgī, die an einem berühmten Pilgerort nördlich von Nasik verehrte Form der achtzehnarmigen Göttin Mahiṣāsuramardinī, was seinen früher bestrittenen Bezug zu Mahārāṣṭra ebenso belegt wie das Faktum, daß eines seiner Werke ganz, ein anderes teilweise, auf Marathi verfaßt ist.

Tripathi versucht durch eine sehr detailierte Zusammenstellung nachzuweisen, welche Kenntnisse der Autor in Grammatik, Musik, ja sogar im Bereich der tantrischen Mantras hatte und zitiert für letzteres eine Rätselstrophe aus unserem Text, für deren Auflösung man wissen muß, daß die dem Feuer zugeordnete magische Silbe (*bīja*) das »*ra*« ist.[1] Dies ist aber, wenn nicht überhaupt gelehrtes Allgemeinwissen, so doch bei einem Verehrer einer tantrischen Gottheit, wie es der Autor war, zu erwarten.

Nach Meulenbeld heiratete Lolimbarāja die Tochter eines muslimischen Gouveneurs einer Provinz (*sūbedār*) mit Namen Murāsā[2], wobei ihr ursprünglicher Name nach der Heirat in Ratnakalā geändert wurde.[3] Die Angabe stammt von Tripathi, der sie wiederum aus einem Marathi-Geschichtswerk übernimmt, wobei unklar bleibt, auf welche Quellen sich die Aussage stützt. Dasselbe gilt für die von Pai referierte, nicht näher belegte »Überlieferung«, in der die Umstände, die zur Heirat führten, beschrieben werden: Murāsā, die Tochter des Herrschers, wird hierbei dem Lolimbarāja als Preis für die richtige Vorhersage des (männlichen) Geschlechts eines ungeborenen Kindes übergeben.

Aber auch ohne Bestätigung solcher Details ergibt sich aus den Grunddaten ein durchaus bemerkenswerter Befund: Wir haben in Lolimbarāja einen Arzt und Poeten vor uns, der nicht nur eine Muslima geehelicht hatte, sondern diese als im Sanskrit hochgelehrt darstellt,[4] mit einer klassischen Bildung, die formale Grammatik und sogar tantrische Mantras umfaßte. Daß der Autor das Rätsel seiner Frau und den Lesern vorführt, tut hier nichts zur Sache, denn es handelt sich ja nicht um ein Prüfungsprotokoll, auch nicht um eine bloße Fiktion, sondern um eine literarische Inszenierung eines gelehrten Dialogs.

---

[1] TRIPATHI, S. 35. [2] MEULENBELD, S. 261. [3] Nicht nur darin ähnelt, wie Tripathi feststellt, Lolimba seinem berühmten Zeitgenossen Jagannātha Paṇḍita. [4] Dies ergibt sich für den Leser implizit aus den Rätselstrophen, aber auch aus *Vaidyajīvana* 2.7.

Ratnakalā ist im gesamten Werk präsent.[1] Der Dichter nennt sie »Schöne«, »Schlanke«, er schmeichelt vor allem durch Beschreibung ihrer Schönheit, Jugend oder ihrer Stimme. Viele dieser poetischen Übertreibungen, wie etwa die Anrede als »Du mit der Löwentaille« können als konventionell gelten, andere sind es nicht, wie etwa die Anrede als »Literaturkennerin«. Nach dem Tod seiner Frau, der im *Ratnakalācarita* erwähnt wird, soll sich Lolimba ins religiöse Leben zurückgezogen haben,[2] und damit enden unsere Informationen über den Autor und sein Umfeld.

Durch seine poetischen Qualitäten ist aber Lolimbarāja nicht nur als Āyurveda-Autor von Interesse. Seine Werke wurden in Indien geschätzt, was aus den zahlreichen Ausgaben noch im 19. Jahrhundert hervorgeht. Sein Plan, das Studium der Medizin durch Poesie interessanter zu machen, scheint durchaus erfolgreich gewesen zu sein. Für die Literaturwissenschaft ist sein souveräner Kāvya-Stil bemerkenswert, noch mehr seine Verbindung von Genres sowie die Innovation durch die, man möchte sagen, »Biographisierung« eines eigentlich anonymen Werks mit pharmakologischem und medizinischem Inhalt.

Nur angedeutet werden kann hier, daß sich ein eingehenderes Studium auch anderer Werke des Autors lohnen dürfte. Insbesondere sein *Ratnakalācarita*, welches nach Tripathi dreisprachig (Marathi, Hindi, Sanskrit) ist, verdiente eine gründliche Bearbeitung. Leider sind die philologischen Hürden hier sehr hoch, auch Tripathi gibt am Ende seiner Zusammenfassung an, daß der Text an vielen Stellen problematisch sei und viele Strophen dunkel geblieben seien[3].

Das Vaidyajīvana

Lolimbarāja hat der Nachwelt vier Kāvyas mit medizinischen Inhalt hinterlassen, drei Sanskritwerke: *Camatkāracintāmaṇi*, *Vaidyāvataṃsa* und *Vaidyajīvana*, und eines in Prakrit und Marathi: *Vaidyakakāvya*.[4]

Der *Camatkāracintāmaṇi* und das *Vaidyajīvana* haben einen sehr ähnlichen Aufbau mit jeweils fünf Kapiteln vergleichbarer medizinischer

---

[1] Tripathi präsentiert eine Aufstellung aller Anreden aus allen Werken des Autors, die mehrere Seiten lang ist (S. 25–32). [2] Dies berichtet Tripathi, S. 33. [3] Tripathi, S. 85. [4] Meulenbeld, S. 257.

Thematik, wobei nach Tripathi das *Vaidyajīvana* das beste Werk des Autors sei, da es seine poetische Kraft in höchster Vollendung zeigt.[1]

Das *Vaidyajīvana* ist folgendermaßen aufgebaut:

- Das erste Kapitel (75 Strophen)[2] behandelt nach zwölf Einleitungsstrophen die unterschiedlichen Formen des Fiebers und deren Therapie.
- Das zweite Kapitel (28 Strophen) behandelt *atisāra* (Durchfall) und *grahaṇī(-doṣa)*.[3]
- Das dritte Kapitel (43 Strophen) erörtert diverse Erkrankungen (1–33), Frauenkrankheiten (34–41) und Kinderkrankheiten (42 und 43).
- Im vierten Kapitel (42 Strophen) werden wiederum eher unsystematisch diverse Erkrankungen behandelt.
- Das fünfte Kapitel (21 Strophen) behandelt laut Schlußkolophon verschiedene Erkrankungen, einschließlich Aphrodisiaka und Elixire. Am Ende steht ein Wortspiel mit einem Namen Viṣṇus und eine Schlußstrophe, in der der Autor sich selbst nennt, sozusagen sein Werk literarisch signiert.

Trotz der Ähnlichkeiten mit dem *Camatkāracintāmaṇi* im Aufbau und in der Kapitelgliederung sind die Rezepte des *Vaidyajīvana* teilweise anders zusammengesetzt und umfassen neben pflanzlichen auch unterschiedliche anorganische Substanzen. Insbesondere im letzten Kapitel des *Vaidyajīvana* wird gegenüber dem *Camatkāracintāmaṇi* vermehrt Gebrauch von Quecksilber-Präparationen (*rasayoga*) gemacht.

In der Einleitungsstrophe behauptet Lolimba, daß sein Werk nur auf den üblichen Quellen beruhe, aber nichts selbst erfunden sei. Nur zweimal

---

1 *ismeṃ unhoṃne apnī kavitva śakti kī parakāṣṭhā dikhalāī hai*, TRIPATHI, S. 19. 2 Wegen kleinerer Unterschiede im Textbestand differiert die Zählweise der verschiedenen Ausgaben.
3 Die Identifikation dieser Krankheit ist schwierig, die beschriebenen Symptome sprechen für eine infektionsbedingte Resorptionsstörung, welche die indische Medizin allerdings einem *grahaṇī* genannten Organ (ohne klare physische Entsprechung) zuordnet. Siehe MEULENBELD, Volume I B, S. 120, Fn. 389.

finden wir einen namentlichen Bezug auf anerkannte ärztliche Kapazitäten, auf Caraka in 1.6 und Parāśara in 1.21, letzterer allerdings eher kritisch.

Tripathi gibt einige Beispiele dafür, wie nahe Lolimba bisweilen an seinen Vorlagen bleibt.[1] Im *Cikitsāsārasaṅgraha* 78 des Cakradatta finden wir z. B. folgende Strophe:

ekaḥ parpaṭakaḥ śreṣṭhaḥ pittajvaravināśanaḥ
kiṃ punar yadi yujyeta candanośīrabālakaiḥ

Lolimba macht daraus in seinem *Vaidyajīvana*:

eka eva khalu pittakajvaraṃ
hanti parpaṭakṛtaḥ kaṣāyakaḥ
candanodakamahauṣadhānvitaś
cet tadā kim u punar vicāraṇā (1.19)

Schon allein der aus *parpaṭa* hergestellte Sud heilt das *pitta*-Fieber. Warum also noch darüber nachdenken, wenn (er) zusammen mit *candana, udaka* und *mahauṣadha* (gegeben wird)?

Man kann vermuten, daß es viele solche Vorlagen gibt und nicht alle einfach aufzufinden sein dürften. Nur im Falle zweier Zubereitungen geht der Autor ausdrücklich eigene Wege: er lehrt ein Lolimba-Pulver in 4.24 und ein Ratnakalā-Pulver in 2.22.

Auch ein gänzlicher Verzicht auf Medikamente wird wiederholt angeregt, was in der folgenden Strophe, bei Liebeskummer, auch sicherlich angezeigt ist:

kāntākaṭākṣadagdhānāṃ vada vaidya kim auṣadham
dṛḍham āliṅganaṃ pathyaṃ kvathaś cādharacumbanam (1.32)

Arzt! Sag, welches Medikament (ist) für die von einem Seitenblick der Geliebten Verbrannten? Die enge Umarmung ist die Diät und der Extrakt ist das Küssen der Lippen.

---

[1] Tripathi, S. 103.

Neben der āyurvedischen Medizin und der gerade genannten körperlichen Nähe zur Linderung besonderer Beschwerden werden auch religiöse Werke als hilfreiche Mittel empfohlen.

> *tanvaṅgi gaṅgottaratīrabhūmau*
> *mamāra hā ko 'py asutas tapasvī*
> *jalāñjaliṃ tasya kṛte dadātu*
> *saikāhikaḥ syād yadi te 'nujanmā* (1.54)

> Schlanke ! O weh! Am nördlichen Ufer der Gaṅgā verstarb ein kinderloser Asket. Wenn Dein jüngerer Bruder das tägliche Fieber haben sollte, soll er ihm die Wasserspende[1] geben.

Rezeptvariationen

Das Werk umfasst knapp 200 Rezepte bzw. Handlungsanweisungen für verschiedene Erkrankungen. Es wird zumeist die Zubereitung des Mittels aus einer oder mehreren Substanzen (überwiegend pflanzlicher Natur) beschrieben oder zumindest angedeutet. Dazu wird immer die zu behandelnde Erkrankung oder eine Gruppe von Erkrankungen genannt. Vereinzelt werden auch Alternativen der Behandlung für ein und dieselbe Krankheit in der gleichen Strophe aufgelistet. Das Repertoire der Rezepte reicht von Einzelmitteln bis hin zu Mischpräparaten aus mehr als 15 Substanzen. Die Zusammensetzung der Rezepte kann in folgender Weise gegliedert werden:

Einzelmittel	25%
Kurze Rezepte 2–5 Mittel	30%
Lange Rezepte 6–10 Mittel Polychreste[2]	25%
Überlange Rezepte > 10 Mittel Polychreste	10%
Diät-Anweisungen oder »physikalische« Maßnahmen	5%
Heilung durch religiöse Riten	5%

[1] Zur Verehrung der Ahnen. [2] »Viel hilft viel«, eine auch in der westlichen Medizin heute noch häufig anzutreffende Therapieform.

Ob hierbei bestimmte Arten von Rezepten, wie etwa die langen und überlangen Rezepte, auf älteren Vorlagen beruhen, oder auf theoretischen Überlegungen des Autors, wäre eine interessante Frage, die allerdings nur durch aufwendige Quellenstudien einer sehr großen Zahl einschlägiger Werke zu beantworten wäre.

Diätanweisungen

Neben der medikamentösen Behandlung wird die grundsätzliche Bedeutung der Diät hervorgehoben:

> *pathye sati gadārtasya kim auṣadhaniṣevaṇam*
> *pathye 'sati gadārtasya kim auṣadhaniṣevaṇam* (1.10)
>
> Wozu braucht der Kranke Medikamente bei einer heilsamen Diät?
> Wozu braucht der Kranke Medikamente ohne eine heilsame Diät?

Auch die Diätanweisung zur Behandlung des Übergewichts kommt ohne spezielle medikamentöse Hilfsmittel aus:

> *madanajvarakārināmadheye*
> *rasike ratnakale prabhātakāle*
> *śiśirāmbu piban madhuprayuktaṃ*
> *gaṇanātho 'pi bhavet kilāsthiśeṣaḥ* (4.5)
>
> Leidenschaftliche Ratnakalā! Du, deren Name Liebesfieber erzeugt! Trinkt man am Morgen kaltes Wasser mit Honig, dann würde sogar Gaṇeśa[1] zum Skelett.[2]

Ob dieser »softdrink« wirklich der Gewichtsreduktion dient, muß allerdings bezweifelt werden.

---

[1] Hier ist der rundliche Gott Gaṇeśa mit Hängebauch (*lambodara*) gemeint. [2] Wörtl.: »wie einer, von dem nur die Knochen übrigbleiben«. Gemeint ist natürlich schlank wie ein »Skelett«.

Religiöse Riten

Die Empfehlung religiöser Riten im Falle schwerer oder seinerzeit gar nicht behandelbarer Krankheiten ist ungewöhnlich offen.

> *tṛṭśvāsakāsajvaraśophamūrchā-*
> *hikkānnavidveṣaṇavāntiśūlaiḥ*
> *yukto 'tisārī smaratu prasahya*
> *govinda gopāla gadādhareti* (2.16)

> Derjenige, der an Durchfall verbunden mit Durst, Luftnot, Husten, Fieber, Ödem, Ohnmacht, Hicksen, Abneigung (gegenüber) Speisen, Erbrechen und Kolik (leidet), soll sich voller Inbrunst [das Gebet] ins Gedächtnis rufen: »Govinda! Gopāla! Gadādhara!«

Der hier beschriebene Durchfall, welcher gemeinsam mit Durst, Luftnot usw. auftritt, galt wohl als medizinisch unheilbar. Deshalb rät der Autor, sich Viṣṇu zuzuwenden.[1]

Medizin und Poesie

Aus indischer Sicht handelt es sich beim *Vaidyajīvana*, wie der Kommentator Rudrabhaṭṭa darlegt, um ein »mit Stimmungen versehenes«, also hochpoetisches Gedicht, welches gleichwohl die Medizin zum Gegenstand hat.[2] Tripathi führt den Nachweis in aller Ausführlichkeit, indem er in minutiöser Kleinarbeit Beispiele für Stilfiguren und andere poetische Elemente aufzählt.[3]

Der Versuch, akademische Wissensgebiete stilistisch mit der schönen Literatur zu verbinden, und vor allem, didaktische oder pädagogische Werke durch Unterhaltungselemente aufzulockern, steht in Indien in einer langen Tradition, wobei die Verbindung von Wissenschaft (*śāstra*)

---

[1] Die Deutung folgt Rudrabhaṭṭa, der sagt: *govindādīnāṃ smaraṇam evopakramaḥ asādhyatvāt.* Diese Offenheit stände in ähnlich gelagerten Fällen und bei seelsorgerischen Bedürfnissen der Patienten auch modernen Medizinern gut an. [2] *vaidyajīvanam ity anenāyurvedatvaṃ pratipādi* (Rudrabhaṭṭa). [3] Die Aufzählung für das *Vaidyajīvana* findet sich in TRIPATHI, S. 108–116.

und Dichtung (*kāvya*) häufig dazu dienen soll, der Strenge des Stoffes eine gewisse Leichtigkeit zu geben, »die bittere Medizin mit Zucker zu vermischen«.

Lolimbarāja schließt mit seinem Werk an dieses Genre an. Regelmäßig nutzt er die Adressatin des Textes, seine Frau Murāsā alias Ratnakalā, um poetische Anreden einzuflechten. Die medizinischen Anweisungen bekommen dadurch einen anderen Charakter, denn man ist genötigt, eine sehr persönliche Dialogsituation mitzudenken, auch wenn eine andere Verbindung zwischen den poetischen Elementen und dem āyurvedischen Inhalt fehlt, denn die Beziehung des Medizinischen mit der Poesie bleibt oft notgedrungen lose. Ein Beispiel für eine Anrede mit kunstvollen Lautfiguren (*śabdālaṅkāra*) wäre die folgende Strophe:

ayi kuśāgrasamānamate mate
matimatām atimanmathamanthare
jvaraharaṃ rugariṣṭaśivāvacā-
yavahavirjatusarṣapadhūpanam (1.71)

O Du, deren Verstand so scharf ist wie die Spitze eines *kuśa*-Halmes! Du bist geachtet unter den Gelehrten. Du bist ermattet von starkem Liebesverlangen! Die Räucherung mit *ruj, ariṣṭa, śivā, vacā, yava, havis, jatu* und *sarṣapa* nimmt das Fieber.

Es liegt in der Natur der Sache, daß die Beziehung zwischen dem Rezept und dem poetischen Teil nicht sehr eng sein kann. Gelegentlich gelingt es dem Autor aber, mit Wortspielen eine engere Verbindung herzustellen, indem er die Namen der Arzneien zu Anreden ausgestaltet:

vāṅmādhuryajitāmṛte 'mṛtalatā lakṣmīśivābhe śivā
viśvaṃ viśvavare ghano ghanakuce siṃhī ca siṃhodari
ebhiḥ pañcabhir oṣadhair madhukaṇāyuktaḥ kaṣāyaḥ kṛtaḥ
pītaś ced viṣamajvaraḥ kim u tadā tanvaṅgi na kṣīyate (1.61)

Die Nektarliane, o Du, deren Stimme süßer als Nektar ist, die Śivā-Pflanze, o Du, die Du Lakṣmī und Śivā (=Umā)

> gleichst,
> das All-Mittel, o Du, die Du von allen die Vorzüglichste bist,
> die feste Zyper, o Du, die Du feste Brüste hast,
> die Löwinnen(-Beere), o Du, deren Taille wie die einer Löwin ist.
> Trinkt man den Sud dieser fünf Heilmittel vermischt mit Honig und *kaṇā*, vergeht dann nicht das Wechselfieber?

Das Beispiel zeigt die große Kreativität und Kunstfertigkeit des Autors. Doch die Komplexität der Strophe zeigt zugleich, warum der Autor gut beraten war, es für gewöhnlich bei einer einfacheren Struktur zu belassen. Die Rezepte wären durch eine solche Bearbeitung vermutlich zu kompliziert worden.

Der Leser findet dennoch zuhauf Beispiele für eine sehr gelungene Fusion, wie etwa in folgender Strophe, die scheinbar mit großer Leichtigkeit und ganz beiläufig im Gedicht ein Rezept unterbringt.

> *abale kamalātanuratnakale*
> *caladṛkkamale dhṛtakāmakale*
> *amṛtābdaśivaṃ madhumad viṣame*
> *viṣame viṣameṣuvilāsarate* (1.70)

> Weib! Ratnakalā! Deine Gestalt gleicht Lakṣmī, Dein Lotusblick ist ruhelos, und Du besitzt die Kraft des Liebesgottes (*kāma*). *amṛta, abda* und *śivā* mit Honig ist gut[1] bei Wechselfieber, o Wechselhafte, die Du Dich an den Spielen des Liebesgottes (*viṣameṣu*) erfreust.

Hier finden wir ein poetisches Kunststück, denn das Wort *viṣama* ist gleich dreimal hintereinander in verschiedenen Bedeutungen gebraucht. Die Stilfigur einer solchen Dopplung (*yamaka*) ist aus den indischen Poetiken natürlich gut bekannt, gut zu übersetzen ist sie nur selten, und die poetische Geschlossenheit der Strophe ist nicht zu imitieren.

Leider haben die bisherigen Bearbeitungen das Wortspiel mißverstanden: alle trennen die letzte Zeile fälschlich als *viṣame viṣameṣu vilāsarate*.

---

[1] So ist laut Kommentar zu ergänzen: *hitam iti śeṣaḥ*.

Eine systematische Auswertung des Kommentars von Rudrabhaṭṭa hat – das muß man hieraus schließen – gar nicht stattgefunden, denn dieser erklärt freundlicherweise *viṣameṣu* als *madana*, »der mit der ungeraden Zahl an Pfeilen ist der Liebesgott«. Der indische Liebesgott Kāma hat bekanntlich in seinem Köcher fünf »Pfeile« – nach indischer Auffassung Blüten –, die das menschliche Herz treffen.

Rätsel

Im *Vaidyajīvana* finden sich zwei Rätselstrophen. Die erste fragt nach einzelnen Silben, die zusammengesetzt den gesuchten Begriff ergeben, doch angesichts der Mehrdeutigkeit des Sanskrit mit seinen vielen Synonymen wären solche Rätsel kaum zu lösen, wenn nicht die Antwort explizit genannt wäre.

Die erste Strophe enthält daher die Antwort (*antarālāpa*):

> *rūpaṃ kīdṛk kamalavadane nuḥ pare sau gireḥ syāt*
> *saṃbuddhiḥ kā madhuravacane kāgnibījasya ṣaṣṭhiḥ*
> *kasya kvāthaḥ śvasanaśamano vallabheneti pṛṣṭā*
> *vidvadvandyā drutam idam adāt sottaraṃ nāgarasya* (3.9)

> Du, mit einem Antlitz wie ein Lotus! Welche Form hat der Stamm von *nuḥ* vor dem Suffix *su*?[1] Wie lautet der Vocativ für »Berg«?[2] Du, mit der süßen Stimme! Was ist der Genitiv der Silbe des Feuergottes?[3] Woraus besteht der Sud, der Atembeschwerden beruhigt? So vom Geliebten befragt, antwortete sie, die von Gelehrten zu Preisende, schnell: »*nāgarasya*«[4].

Es handelt sich hier um ein Rätsel, in welchem ein Begriff aus einzelnen Silben zusammengesetzt wird. Die Beantwortung der Fragen setzt eine Kenntnis der Terminologie der paṇineischen Sanskrit-Grammatik ebenso voraus wie Grundkenntnisse der im Tantrismus gebräuchlichen Mantras.

Die zweite Rätselstrophe repräsentiert einen anderen Typus, sie enthält die Lösung nicht (*bahirālāpa*):

---

[1] *nuḥ* ist Gen. Sg. von *nṛ* »Mann«. Mit der Endung des Nom. Sg. *su* ergibt sich *nā*. [2] Erst aus der Antwort geht hervor, daß hier aus vielen möglichen Synonymen das Wort *aga* gemeint ist. [3] Die Silbe *ra* (Nom. Sg.), im Genitiv = *rasya*. [4] »aus trockenem Ingwer«.

pulomajāvallabhasūnupatnī-
tātātmabhūśekharavāhanasya
saundaryadūrīkṛtarāmarāme
kaṣāyakaḥ kāsasamīrasarpaḥ (3.19)

O Du, deren Schönheit die der Frau Rāmas verblassen läßt. Der Sud dieses Stoffes verschlingt den Husten wie die Schlange den Wind. Nimm vom Ehemann der Tochter des Puloman (=Indra) den jüngeren Bruder (Upendra) und seine Frau (Lakṣmī). Der Sohn ihres Vaters (Samudra) schmückt den Kopf (des Gottes Śiva). Der Name ist der des Reittieres dieses Gottes.

In der Übersetzung ist das Rätsel kaum nachzuahmen. Der Kommentator löst es sehr gründlich auf, indem er noch Synonyme für die Vewandtschaftsbezeichnungen gibt, auch wenn es nur in einem Falle – *sūnu* bedeutet hier nicht »Sohn«, sondern »jüngerer Bruder« – wirklich nötig scheint:

pulomajā = indrāṇī
tasyā vallabho bhartā = indraḥ
tasya sūnur anujaḥ = upendraḥ
tasya patnī = lakṣmī
tasyāḥ pitā = samudraḥ
tasya ātmabhūḥ putraḥ = candraḥ

Gemeint ist also der Mond auf Śivas Haupt und die beiden ersten Pādas bedeuten nicht mehr als *candraśekharavāhanasya.* Die Lösung ist das Reittier Śivas, der »Stier«, Skt. *vṛṣa*, doch gemeint als ein anderer Name für Ingwer.

Dialoge

Die nun folgende Strophe beinhaltet einen schnellen Wortwechsel zwischen Lolimba und seiner Frau Ratnakalā, die nur an wenigen Stellen selbst sozusagen das Wort ergreift. Der Aufbau der Strophe, der entfernt an die Figur der *vakrokti* erinnert, obschon sie keine solche enthält, erinnert den Leser noch einmal an die literarisch gedachte Anwesenheit der Frau des Arztes.

prāṇeśvara priyatame vada kiṃ vadāmi
tat kānta yat kim u mṛgākṣi yad agnikāri
samyak śṛṇu praṇayini praṇayiñ śṛṇomi
khādet sa nimburasasaindhavaśṛṅgiberam (4.22)

Ratnakalā: Gebieter meines Lebens!
Lolimbarāja: Liebste!
Ratnakalā: Sag –
Lolimbarāja: Was soll ich (denn) sagen?
Ratnakalā: – was (ist es), Geliebter, das –?
Lolimbarāja: Was, o Rehäugige, (soll sein)?
Ratnakalā: – das Feuer (der Verdauung) steigert?
Lolimbarāja: Hör gut zu, Geliebte!
Ratnakalā: Geliebter, ich höre!
Lolimbarāja: Man kaue Zitronensaft, *saindhava*-Salz und *śṛṅgibera.*

Wortspiele

nārāyaṇaṃ bhajata re jaṭhareṇa yuktā
nārāyaṇaṃ bhajata re pavanena yuktāḥ
nārāyaṇaṃ bhajata re bhavabhītiyuktā
nārāyaṇāt parataraṃ na hi kiñcid asti (5.20)

O Ihr mit Bauchbeschwerden! Nehmt *nārāyaṇa* (-Pulver)!
O Ihr mit *vāta*-Störungen! Nehmt *nārāyaṇa* (-Öl)!
O Ihr mit Angst vor dem Sein![1] Nehmt Zuflucht bei Nārāyaṇa[2],
denn nichts ist größer als Nārāyaṇa.

Dieses Wortspiel zwingt den Leser, sich mit zwei Namen von medizinischen Zubereitungen bekannt zu machen. Der Reim enthält sozusagen eine Art terminologischen Test.

In der folgenden Strophe wird hingegen zunächst das Wort *śyāma* (ohne medizinische Bedeutung) viermal verwendet: in zwei unterschiedlichen Bedeutungen, mit einer Negation, die aber nicht gesprochen wird,

---

[1] Die Angst vor dem Sein i.S.v. »die Angst vor dem *saṃsāra*«. [2] Der Gott Nārāyaṇa.

und im Kompositum. In der zweiten Zeile folgt dann das Wort *mākṣika* in zwei Bedeutungen:

> *śyāme 'śyāme priyaśyāme śyāmabodhitamānase*
> *śuklaṃ śamayati kṣipraṃ mākṣikaṃ mākṣikānvitam* (3.29)
>
> Junge Hellhäutige! Du, die einen dunkelhäutigen Geliebten hast! Deren Herz von (einem) Dunkelhäutigen geweckt wurde! (Das Collyrium aus) *mākṣika* mit Honig lindert schnell *śukla*[1].

Abgesehen von den eher technisch-poetischen Kunststücken fällt beim *Vaidyajīvana* eine große Leichtigkeit in der Meisterschaft der poetischen Diktion auf, und man versteht sofort, warum dieses Werk in Indien eine so breite Rezeption genoß.

[1] *śukla* = eine Erkrankung der Bindehaut.

Quellenlage

Eine regelrechte Textkritik des *Vaidyajīvana* wäre angesichts der erhaltenen Quellen eine anspruchsvolle Aufgabe, die eine Analyse und gegebenenfalls Verzeichnung der über zwanzig Druckausgaben[1] und der zahlreichen Manuskripte sowie die Durchsicht der mehr als zehn Kommentare voraussetzen würde. Das Ziel des vorliegenden Bandes ist wesentlich bescheidener. Hier soll lediglich auf Grundlage einer Auswahl an leicht zugänglichen Materialien ein sprachlich und metrisch stimmiger Text erstellt werden.

Die Gesamtedition der Werke durch Tripathi nennt summarisch einige Drucke, verzeichnet aber keine Lesarten. Die Ausgabe von Saxena, welche den Text mit einer aufgeblähten englischen Paraphrase bietet, nennt eine ganze Reihe von Handschriften in der Einleitung und gibt ebenfalls keinerlei Lesarten. Bei genauerem Hinsehen entpuppen sich nicht nur die Listen der Handschriften und Krankheiten in der Einleitung[2] als Entlehnung aus Tripathi.

Nur die Edition von Pai beruht erkennbar auf einer Kollation von fünf Handschriften in Malayalam-Schrift, deren Varianten verzeichnet werden. Schon aus diesem Grund bietet sich diese Ausgabe als Textgrundlage an, und eigentlich sollten durch eine solche kritische Edition die bisherigen Druckausgaben obsolet werden. Dies ist aber hier leider nicht der Fall, und zwar aus den folgenden Gründen: Pai folgt Hs. I, welche nach seiner Beschreibung den Kommentar des Rudrabhaṭṭa mitüberliefert, quasi als Leithandschrift, und er tut dies recht mechanisch, auch wenn sein kritischer Text dadurch unhaltbar wird: In 1.51 liest Pai mit seiner Hs. I *plakṣasya ca*, seine anderen Hss., aber auch alle anderen uns vorliegenden Quellen überliefern *sakṛṣṇasya* oder *sakaṇasya*. Sogar Rudrabhaṭṭa deutet die Stelle als *pippalīsahitasya*. Die Lesart könnte also in Hs. I, insofern dort Rudrabhaṭṭas Text überliefert ist, eine fehlerhafte Einzellesung sein, der man nicht ohne genauere Gründe folgen sollte. Andere Beispiele wären 2.2, wo Pai die unmetrische Lesart von Hs. I bevorzugt, in 3.13 folgt er einer nicht konstruierbaren Einzellesart, in 4.6 liest er das ungrammatische *-koṭīn* gegen zwei seiner Manuskripte usw. usw. Pais Ausgabe ist der

---

[1] Siehe Meulenbeld, S. 282f. [2] Saxena, S. xxiii–xxvi.

sicher lobenswerte Versuch einer kritischen Edition, die jedoch in vielen Einzelfällen hinter dem Ziel zurückbleibt.

Auch aus einem anderen Grund läßt sich die Ausgabe von Pai nur mit großer Vorsicht benutzen: Sie ist durch eine Unzahl von Druckfehlern entstellt, die jedoch nicht immer leicht zu erkennen sind. Insbesondere die Arbeit von Tripathi, obschon »nur« die Ausgabe im Rahmen einer Studie des Autors, ist durchgehend überzeugender, da man hier nicht ständig durch metrische Verstöße und andere Fehldrucke verwirrt wird.[1]

Diese Diagnose der Quellen bestimmte unsere Vorgehensweise: Wo Pai keine Variante angibt und einen aus metrischen, lexikalischen oder anderen objektivierbaren Gründen fragwürdigen Text druckt, wurde die Lesart von Pai ignoriert. Dies war relativ häufig der Fall. Der Text beruht dann auf der Übereinstimmung der anderen Quellen, wobei der Kommentar des Rudrabhaṭṭa, der uns in Form der BORI-Handschrift vorlag,[2] nicht selten den Wortlaut absichert.

Pais Ausgabe birgt noch weitere Probleme: Manchmal ist das Metrum nicht erkannt, was zu Folgefehlern führt.[3] In 1.52 und 1.53 druckt der Herausgeber die Reihe der Inhaltsstoffe einer Abkochung als Kompositum, obwohl schon aus der Syntax klar wird, daß es sich um eine Aufzählung von Nominativen handelt, wobei gelegentlich Endungen wie *visarga*s wegfallen, die in allen anderen Ausgaben stehen. Da es sich hier wie in anderen Fällen lediglich um Satzfehler handeln dürfte, werden solche Abweichungen nicht verzeichnet.

Am Beispiel vom 3.35 läßt sich erklären, wie die höhere Textkritik die Textkonstitution beeinflußt. Pai ist wenig konsequent, was metrische Korrektheit oder die Stimmigkeit der poetischen Bilder angeht. Hier folgt er meist mechanisch seiner Leithandschrift. Ganz anders im Falle der medizinischen Details! In 3.35 lesen alle gedruckten Quellen und alle seine Handschriften *sanāgaram* »mit Ingwer«. Pai schreibt, daß eine Vaginalsalbe keinen Ingwer enthalten sollte, und liest *samanvitam*, ohne

[1] In 4.48 muß es allerdings *praśamaṃ* (nicht: *praśamaḥ*) *prayāti* lauten. [2] *Bhandarkar Oriental Research Institute* 463/1895–98. [3] Die zwei elfsilbigen Strophen 2.17 und 2.18 werden als eine 22-silbige Strophe zusammengelesen, die unmetrischen Varianten nicht erkannt usw.

eine Quelle für diese Lesart anzugeben.[1] Dies scheint aber die Lesart des Kommentators Rudrabhaṭṭas zu sein, wie sich aus der BORI-Hs. ergibt.

Ein schlagendes Beispiel für die Qualität der bisherigen editorischen Bemühungen ist die Strophe 5.2. Nur Tripathi bietet überhaupt einen metrisch korrekten Text, alle anderen Editoren drucken einen unmetrischen Text, der nicht ursprünglich gewesen sein kann, und zwar ohne jede Anmerkung. Wir haben uns daher auch nicht die Mühe gemacht, alle unmetrischen Versionen dieser Strophe zu dokumentieren und geben nur die plausiblen Varianten.

Der resultierende Text bleibt angesichts der schwierigen Quellenlage unbefriedigend, daher wurde auch kein Versuch gemacht, den in den Handschriften zum Teil differierenden Textbestand, also die gelegentlich eingeschobenen Strophen, zu dokumentieren oder zu bewerten. Pai weist immer wieder darauf hin, daß einige Manuskripte zusätzliche Strophen überliefern, und es gibt in allen Ausgaben Abweichungen im Textbestand. Die BORI-Hs. enthält ebenfalls weitere Strophen, einmal sogar eine Prakrit-Strophe mit Sanskrit-Version (4.11). Wir folgen in der Auswahl in Ermangelung guter Kriterien Pai. Hinweise auf die Entstehung einiger Einschübe birgt interessanterweise der Kommentar des Rudrabhaṭṭa. Er bemerkt gelegentlich,[2] daß es zu einer Strophe Varianten gibt und bespricht die Dubletten nacheinander. Solche Dopplungen finden sich dann auch in manchen Editionen, etwa sind bei Tripathi die Strophen 3.28 und 3.29, aber auch 3.31 und 3.32 eigentlich Dubletten. Die Bewertung solcher Dopplungen müßte einer kritischen Edition vorbehalten bleiben, dürfte aber schwierig sein. Denn anders als in einem reinen Kāvya sind ja Sachfragen zu klären, da die Varianten unter Umständen abweichende Rezepte enthalten.

Auch wenn hier ausdrücklich nicht der Versuch einer kritischen Edition unternommen werden konnte und Lesarten nicht systematisch verzeichnet werden, ist der hier gebotene Text nach metrischen, sprachlichen und in gewissem Umfange auch inhaltlichen Kriterien den bisherigen Drucken qualitativ überlegen.

---

[1] Und natürlich enthält die Zeile zwei weitere Abweichungen, die wohl nur Druckfehler sind: *chāgi* und *sarpi*. Sie sind sonst einhellig überliefert.

[2] Etwa 3.28.

Da das Werk, was sich schon aus den zahlreichen Drucken ergibt, sehr beliebt war, mehrfach kommentiert und damit auch immer wieder redigiert wurde, müßten vor einer regelrechten kritischen Edition umfangreiche Studien stehen. Die Beobachtungen allein aus dem begrenzten, uns verfügbaren Material spricht nicht für klare Überlieferungslinien, sondern eher für Kontamination. Um nur ein Beispiel zu nennen: In 1.24 wird das Kompositum *anāṅganāsaṃgamalālasasya* von Rudrabhaṭṭa mit dem Synonym *anāṅganāsaṃgamasādarasya* erklärt, dies ist aber die Lesart in der Edition von Tripathi. Eine Klärung der Überlieferungsgeschichte müßte also eine Analyse der zahlreichen Kommentare einbeziehen.

An handschriftlichen Quellen stand uns lediglich das im *Bhandarkar Oriental Research Institute* aufbewahrte Manuskript mit dem Kommentar des Rudrabhaṭṭa zur Verfügung. Es war für die Absicherung von Lesarten wie für die inhaltliche Ausdeutung von Nutzen. Doch weist es so viele einfache Schreibfehler auf,[1] daß an eine systematische Verzeichung der Varianten nicht zu denken war.

Keine Lösung konnte mit dieser Methode im Falle von Synonymvarianten erzielt werden wie etwa in 1.19 (*pittakajvaraṃ* Pai, *paittakajvaraṃ* Saxena, *paittakaṃ jvaraṃ* Rudrabhaṭṭa) oder bei Unterschieden im Textbestand. Hier folgen wir Pai, da die Textgrundlage der anderen Drucke völlig im Dunkeln liegt.

Für die Deutung standen als Hilfsmittel die beiden englischen Übersetzungen zur Verfügung. Hierbei war die Paraphrase von Saxena kaum von Nutzen. Sie ist extrem frei und manchmal auch sehr phantasievoll[2]. Sehr nützlich war bisweilen der Kommentar Rudrabhaṭṭas. Leider muß man feststellen, daß die Textausgaben manchmal nicht mit der Übersetzung korrelieren: In 4.7 wird ein Mittel gegen die Entzündung des Mundes gegeben, die letzte Zeile lautet: *mukhasya pākaṃ mukhapaṅkajastham.* Pai übersetzt »cures stomatitis inside of mouth«, bezieht also das Kompositum *mukhapaṅkajastham*, wörtl. »im Mundlotus befindlich« auf *pākam.* Aber wozu dann *mukhasya*? Würde der Autor eines medizinischen Werks im Deutschen vom einer »Mundentzündung im Mund« sprechen, ohne sich lächerlich zu machen? Wo – würde der Leser fragen – sollte denn eine Mundentzünding sonst sein? Wir können die Frage, warum solche Inkon-

[1] Einmal liest es sogar *śapramam* für *praśamam*!

[2] Siehe etwa seine Deutung von 2.10.

sistenzen die Alarmglocken nicht schrillen lassen, nicht weiter betrachten, und wenden uns stattdessen der zweiten Phase der Textbearbeitung zu, die durch Saxena repräsentiert wird: »held in the lotus like mouth cold (sic), heals ulcers of the mouth.« Trotz aller Probleme mit der Zielsprache wird hier doch das Bemühen sichtbar, eine sinnvolle Deutung vorzulegen: Man spült mit diesem Sud offenbar den Mund. Nun stimmt aber der Text nicht mehr, denn Saxena liest weiterhin *mukhapaṅkajastham*, müßte also eigentlich wie Pai übersetzen. Saxena hätte also die minimale Konjektur zu *mukhapaṅkajasthaḥ* anbringen müssen. Dies fällt insofern leicht, weil der Kommentator Rudrabhaṭṭa ohnehin so liest!

Anmerkungen zu den Arzneimitteln

Die indischen Ausgaben, die sicher auch praktischen Zwecken dienen sollen, legen großen Wert auf die Identifikation der Arzneistoffe und geben oft mehrere lateinische Begriffe. Im vorliegenden Werk wurden die Arzneinamen nach einer Reihe einschlägiger Quellen ermittelt.[1]

Die Liste kann und soll keinesfalls eine pharmakologisch belastbare Zuordnung darstellen. Es stellt sich sogar die Frage, ob eine solche überhaupt möglich ist. Sanskrit-Begriffe von pharmakologisch wirksamen Substanzen sind vermutlich in verschiedenen Regionen Indiens, alleine schon wegen der dort unterschiedlichen Flora und Fauna, differenten Objekten zugeordnet worden. Selbst wenn man die räumlichen Lebensumstände des Lolimbarāja genauer kennen würde und das seinerzeit an diesem Ort gebräuchliche pharmakologische Vokabular ebenfalls bekannt wäre, bliebe immer noch die Unsicherheit eines Bedeutungswandels über die letzten drei Jahrhunderte.

Die Liste von mehr als 450 Begriffen zeigt bereits in diesem kleinen Werk eindrucksvoll den Umfang der in der āyurvedischen Medizin benutzten Substanzen. Die teilweise hochtoxischen Stoffe, wie etwa Aconitum- und Quecksilberpräparationen, bedurften in der Anwendung sicherlich ein hohes Maß an ärztlichem Kenntnissen und Geschick, um mehr Nutzen zu bewirken als Schaden anzurichten.[2] Vor einer unkritischen Anwendung

[1] Siehe hierzu Anhang 1, S. 94. [2] Zum Quecksilber in der indischen und europäischen Medizin, siehe Dagmar Wujastyk: »Mercury as an Antisyphilitic in Ayurvedic Medicine«. In *Asiatische Studien* 69.4 (2015): 1043–1067.

sei hier, wie oben erwähnt, noch einmal nachdrücklich gewarnt. Ausnahmen sind natürlich die Strophen zur Lebensführung (Strophe 1–10), die sicher ungefährlichen Mittel bei »Brennen« (Strophen 1–27 und 1–28) und Liebeskummer (Strophe 1–32), wobei die Empfehlung in Strophe 4.31 bei Sorgen und Kummer nur in Maßen anzuwenden ist.

In unserer Übersetzung des *Vaidyajīvana* wurden die Namen für Arzneistoffe weitestgehend in der Originalsprache belassen. Die Lesbarkeit ist dadurch erheblich besser als mit einer Übertragung in die botanischen Fachtermini und/oder in Europa gebräuchlichen Pflanzennamen. Dieses Vorgehen beugt ebenfalls einer fehlerhaften Gleichsetzung vor[1]. Stark vereinfacht haben wir die Übersetzungen von Formen des Zuckers: hier wurde nicht zwischen *upalā, guḍa, śarkarā* oder *sitā* unterschieden, da man sonst genauere Informationen darüber benötigt hätte, wie der Autor die Begriffe verwendet.

Die medizinischen Begriffe wurden teilweise in einfache umgangssprachliche Begriffe übersetzt, aber an anderen Stellen wegen fehlender Äquivalenz im Original belassen. Auf eine Anwendung lateinisch-griechischer Fachtermini wurde bewußt verzichtet, da die Systemunterschiede sowohl zwischen indischer und europäischer Medizin als auch zwischen medizinischen Vorstellungen des 16. Jahrhunderts und der Moderne nicht zu überbrücken sind[2].

Zur Übersetzung

Die beiden englischen Übersetzungen, von Pai und von Saxena, legen keinen großen Wert auf die poetische Beigabe und lassen die Details oft entfallen. Im vorliegenden Büchlein wird sehr viel wörtlicher übersetzt. Es wird aber auch ein Mittelweg zwischen einer philologischen Übersetzung für Spezialisten und einer Übersetzung für allgemeine Leser gegangen, die, weil diese Gruppen keine Schnittmenge haben, vermutlich niemanden ganz befriedigen wird.

---

[1] Im Anhang »Arzneimittel« sieht man deutlich die Schwierigkeiten einer sicheren Zuordnung von Sanskritbegriff und botanischem Fachterminus bzw. chemischen Namen (s.o.).

[2] Ein Beispiel: Ist *pāṇḍu* (= Blässe) auch gleichzeitig Anämie oder Ikterus? Vermutlich nicht. Zumindest nicht mit dem heutigen physiologischen Verständnis eines verminderten Hämoglobingehaltes oder einer Vermehrung des Bilirubin im peripheren Blut.

Aus Gründen der Lesbarkeit werden manche Ellipsen ohne Klammern aufgelöst, also *vāte* als »bei Vāta-Störung«, nicht » bei Vāta(-Störung)« übersetzt. *śleṣman* wurde als bekanntes Synonym für *kapha* belassen, *marut* oder *samīra* als Synonyme für *vāta* »Wind« wurde in der Übersetzung angeglichen.

Auch haben wir versucht, in der deutschen Übersetzung die Terminologie und Diktion behutsam dem Genre anzupassen. Wenn es um Rezepte geht, ist beispielsweise für *praśasta* das wörtlichere »gepriesen« zu hoch gegriffen, ein Rezept wird »empfohlen«. Bisweilen sind Rezeptempfehlungen aber auch elliptisch. Die Zeile *amṛtābdaśivaṃ madhumad viṣame* ergänzen wir zu »*amṛta, abda* und *śiva* ist gut bei Wechselfieber«, was in diesem Falle sogar dem Kommentar des Rudrabhaṭṭa folgt, denn dieser schreibt *hitam iti śeṣaḥ*.

Ein anderes Beispiel für bewußte Abweichungen vom Worlaut wäre die Übersetzung von *kaṭutailena saṃyukto guḍo*, wörtl. »Zucker mit *kaṭu*-Öl« als »*kaṭu*-Öl mit Zucker«, da *kaṭu* der Wirkstoff, Zucker aber die der Bekömmlichkeit dienende Beigabe ist.

Etwas merkwürdig ist, daß die englischen Übersetzer dieses medizinischen Texts, denen die genaue Identifikation von Pflanzen eigentlich am Herzen liegen müßte, nicht einmal zwischen Seerosen und Lotussen unterschieden haben, aber dies scheint eine verbreitete Angewohnheit des indischen Englisch zu sein: Die Anrede des Autors an seine Frau als »*kuvalayanayane*« wird von Pai als »Oh lotus-eyed one« übersetzt, von Saxena als »you possess eyes like an assemblage of blue lotusses«. Nun bezeichnet aber *kuvalaya* die »Seerose«, was zeigt, daß man von der Identifikation der āyurvedischen Pflanzen und Inhaltsstoffen in der indischen Sekundärliteratur keine Wunder erwarten sollte. Völlig unverständlich ist Saxena, denn einen blauen Lotus gibt es nicht, und falls er die blaue Seerose gemeint haben sollte, ist beim Vergleich der Augen einer Frau mit der Seerose nicht eine »assemblage« gemeint, sondern eher die langgezogene Form des Blütenblattes.[1]

Die Pflanzennamen wurden mit Verweis auf den Index im Original belassen. Es wäre zwar möglich gewesen, die wenigen, auch im Deutschen gängigen Bezeichnungen, wie Ingwer oder langer Pfeffer zu verwenden,

[1] Daß das *tertium comparationis* die langgezogene Form des Blütenblattes ist, geht schon aus der vollständigeren Form des Vergleichs in 3.38 hervor.

oder die anglo-indischen, wie etwa Neem (aus Nimba), aber nur wenige der Inhaltsstoffe lassen sich überhaupt so abbilden.

VAIDYAJĪVANA

Erster Teil – prathamo vilāsaḥ

prakṛtisubhagagātraṃ prītipātraṃ ramāyā
diśatu kim api dhāma śyāmalaṃ maṅgalaṃ vaḥ
aruṇakamalalīlāṃ yasya pādau dadhāte
praṇataharajaṭālīgāṅgariṅgattaraṅge (1.1)

Möge Euch die wunderbare dunkelblaue Gestalt[1], mit einem von Natur aus lieblichen Körper, für Ramā[2] ein Objekt der Freude, die mit den Füßen, dem Spiel rötlicher Lotusse gleich, in den Wellen der Gaṅgā steht,[3] die aus den Locken des in Verehrung vor ihr niedergeworfenen Hara[4] fließt, den Segen geben![5]

ratnaṃ vāmadṛśāṃ dṛśāṃ sukhakaraṃ śrīsaptaśṛṅgāspadaṃ
spaṣṭāṣṭādaśabāhu tad bhagavato bhargasya bhājyaṃ bhaje
yadbhaktena mayā ghaṭastani[6] *ghaṭīmadhye samutpādyate*
padyānāṃ śatam aṅganādharasudhāspardhāvidhānoddhuram
(1.2)

Du, mit Brüsten (schöngeformt) wie ein Krug! Ich verehre (Dich), das Juwel der Frauen[7], das dem Blick Freude bereitet und am glückverheißenden Saptaśṛṅga-Berg[8] weilt. Mit achtzehn[9] Armen bist Du das Glück des ehrenwerten Bharga[10]. Als Dein Verehrer kann ich einhundert Strophen, die übermütig mit dem Nektar der Frauenlippen wetteifern, in einer *ghaṭī*[11] verfassen.

---

[1] Wörtl.: »Glanz« (*dhāman*); gemeint ist Kṛṣṇa. [2] Ramā = Lakṣmī. [3] Der von Rudrabhaṭṭa kommentierte Text liest *-taraṅgaiḥ*. [4] Śiva. [5] Es ergibt sich folgendes Bild: Kṛṣṇa steht mit seinen »Lotus-Füßen« in der Gaṅgā. Vor ihm hat sich Śiva, aus dessen Locken die Gaṅgā entspringt, niedergeworfen. [6] *ghatastati* (MS I). [7] Der »Schönäugigen«. [8] Der Saptaśṛṅga (»Sieben-Gipfel«) ist ein bekannter Pilgerort in Mahārāṣṭra und gilt als Wohnstätte der Mahiṣāsuramardinī. [9] Wörtl.: »deutlichen (*spaṣṭa*) achtzehn«. [10] Śiva. [11] Eine *ghaṭī* = 24 min.

divākaraprasādena rogyārogyasamīhayā
samāsena vayaṃ kurmaḥ kāvyaṃ sad vaidyajīvanam (1.3)

Durch die Gnade des Divākara[1] und mit dem Wunsch nach Heilung der Kranken verfassen wir als kurze Zusammenstellung das gute Gedicht *Vaidyajīvanam.*[2]

tathāpi kriyate granthaḥ santi yady api durjanāḥ
na hi dasyubhayāl loko dainyavān iva vartate (1.4)

Auch wenn es schlechte Menschen gibt, (die Fehler finden wollen,) wird das Werk dennoch verfaßt – der Mensch bleibt trotz Furcht vor Dieben[3] nicht niedergeschlagen.

yeṣāṃ na ceto lalanāsu lagnaṃ
magnaṃ na sāhityasudhāsamudre
jñāsyanti te kiṃ mama ha prayāsān
andhā yathā vāravadhūvilāsān (1.5)

Wie könnten diejenigen, deren Herz sich nie an Frauen heftete, deren Geist nie in den Ozean des Nektars der Poesie eintauchte, meine Mühen verstehen? Wie könnten Blinde die Reize der Kurtisanen verstehen?

gadagañjanāya caturaiś carakādyair
munibhir nṛṇāṃ karuṇayā kathitaṃ yat
akhilaṃ likhāmi khalu tasya rahasyaṃ
svakapolakalpitam ihāsti na kiñcit (1.6)

Ich schreibe die gesamte Essenz dessen nieder, was von klugen Weisen wie Caraka[4] aus Mitleid zu den Menschen zur Überwindung der Krankheiten mitgeteilt wurde. Hier ist nichts aus meinem eigenen Munde.[5]

---

[1] Hier ist nach Rudrabhaṭṭa als Doppelsinn der Sonnengott und der Vater des Autors gemeint.
[2] Wörtl.: »Leben des Arztes«, wobei mit »Leben« hier Lebensweise oder Lebensunterhalt gemeint sein dürfte. [3] Die Deutung von *dasyu* folgt Rudrabhaṭṭa. [4] Rudrabhaṭṭa nennt eine ganze Reihe klassischer Autoren des Āyurveda, wie Suśruta, Vāgbhaṭa usw., die hier mitgemeint seien. [5] Wörtl.: »aus meiner eigenen Wange«.

guror adhītākhilavaidyavidyaḥ
pīyūṣapāṇiḥ kuśalaḥ kriyāsu
gataspṛho dhairyadharaḥ kṛpāluḥ
śuddho 'dhikārī bhiṣag īdṛśaḥ syāt (1.7)

Ein befähigter Arzt ist, wer das gesamte ärztliche Wissen des Lehrers verstanden hat, den Nektar in der Hand hält[1], geschickt in ärztlichen Verfahren, uneigennützig, ausdauernd, mitfühlend und lauter.

ādau nidānavidhinā vidadhyād vyādhiniścayam
tataḥ sādhyaṃ samīkṣeta paścād bhiṣag upācaret (1.8)

Der Arzt soll am Anfang nach den Regeln der Pathologie[2] die Krankheit feststellen,[3] dann prüfen, was erreicht werden kann,[4] und danach die Behandlung beginnen[5].

auṣadhaṃ mūḍhavaidyānāṃ tyajantu jvarapīḍitāḥ
parasaṃsargasaṃsaktakalatram iva sādhavaḥ (1.9)

Vom Fieber Gequälte sollen Medizin von Quacksalbern[6] zurückweisen, so wie Ehrenmänner eine untreue[7] Frau zurückweisen sollen.

pathye sati gadārtasya kim auṣadhaniṣevaṇam
pathye 'sati gadārtasya kim auṣadhaniṣevaṇam (1.10)

Wozu braucht der Kranke Medikamente bei einer heilsamen Diät?
Wozu braucht der Kranke Medikamente ohne eine heilsame Diät?

[1] Der eine »glückliche Hand« hat. [2] *nidāna* = Krankheitswissen. Rudrabhaṭṭa: *nirdiśyate vyādhir anena ity nidānam.* [3] Diagnose. [4] Prognose: *susādhya* = heilbar; *kṛcchrasādhya* = mühevoll heilbar; *yāpya* = kontrollierbar; *anapakrama* = fatal. Siehe SAXENA, S. 4. [5] Therapie. [6] Wörtl.: »Verwirrten/verblendeten Ärzten«. [7] Wörtl.: »Intimität mit Fremden pflegende«.

mahīndramahilātrapāpradapadāravinde tathā
payonidhipayastatī jaladharair upāttā yathā
api prakṛtinīrasā nṛpabhiṣagbhir aṅgīkṛtā
bhaviṣyati sarasvatī rasavatī murāsāpateḥ (1.11)

Du, deren Lotusfüße die königlichen Damen beschämen! Wie die Wassermassen des Ozeans, wenn sie von den Wolken emporgehoben werden, wird diese Komposition des Ehemanns der Murāsā, obgleich[1] von Natur aus schlicht, von den königlichen Ärzten empfangen und dadurch geschmackvoll.

iha gamiṣyati vaidyamatiḥ śramaṃ
prathamam eva punas tu mahāsukham
priyatamasya mṛgākṣi samāgame
navakaragrahaṇā gṛhiṇī yathā (1.12)

Gazellenäugige! Hier erfährt der Intellekt des Arztes anfangs nur Mühsal, dann aber großes Glück, gleichwie eine frisch verheiratete Ehefrau in der (sexuellen) Verbindung mit dem Liebsten.

yataḥ sarveṣu rogeṣu prāyaśo balavān jvaraḥ
atas tasya pratīkāraṃ prathamaṃ kurmahe vayam (1.13)

Weil das Fieber von allen Krankheiten gewöhnlich die stärkste ist, beginnen wir mit seiner Behandlung.

devadārudhanāviśvabṛhatīdvayapācanam
jvare pūrvaṃ pibec cāru payodharadharādhare (1.14)

Bei Fieber soll zunächst[2] der wohltuende Sud[3] aus *devadāru, dhanā, viśva* und *bṛhatīdvaya* getrunken werden, Du, deren Brüste wie Berge sind!

---

[1] Rudrabhaṭṭa kommentiert *mama*, der mūla-Text des Ms. liest allerdings *api*. Die Druckausgaben lesen ebenfalls *mama*. [2] Offenbar bei jedem Fieber als erste Maßnahme. [3] *pācana, kvātha* oder *kaṣāya* = »Abkochung, Sud«.

chinnauṣadhāmbhodharadhanvayāsaiḥ
kirātatiktāmbudareṇuyāsaiḥ
viśvāvṛṣāmbhodharadhanvayāsaiḥ
kvātho marutpittakaphajvareṣu (1.15)

(Danach) ein Sud von (i) *chinnauṣadha*[1], *ambhodhara* und *dhanvayāsa,* von (ii) *kirātatikta, ambuda, reṇu* und *yāsa,* von (iii) *viśvā, vṛṣa, ambhodhara* und *dhanvayāsa* (jeweils) bei (i) *vāta*-, (ii) *pitta*- oder (iii) *kapha*-Fieber.[2]

uśīrakalaśīmahauṣadhakirātakāmbhodhara-
sthirābṛhatikādvayāmṛtalatātrikaṇṭaiḥ[3] *kṛtam*
kaṣāyakam amuṃ pibet pavanajajvaravyākulaḥ
pumān daśaśatacchadacchadamadagrasallocane (1.16)

Du, deren Augen den Hochmut der Lotusblätter[4] verschlingen! Wer an einem *vāta*-Fieber leidet, soll den aus *uśīra, kalaśī, mahauṣadha, kirātaka, ambhodhara, sthirā, bṛhatikādvaya, amṛtalatā* und *trikaṇṭa(ka)* gemachten Sud trinken.

pīyūṣalokapāñcālīcaraṇānāṃ kaṣāyakam
pīyamānaḥ priye hanti hanumajjanakajvaram (1.17)

Geliebte! Wer einen Sud aus *pīyūṣa, loka* und *pāñcālī*-Wurzeln trinkt, beseitigt das *vāta*-Fieber.[5]

chinnodbhavāparpaṭavārivāha-
bhūnimbaśuṇṭhījanitaḥ kaṣāyaḥ
samīrapittajvarajarjarāṇāṃ
karoti bhadraṃ khalu pañcabhadraḥ (1.18)

Der Sud, (genannt) *pañcabhadra,* aus *chinnodbhavā, parpaṭa, vārivāha, bhūnimba* und *śuṇṭhī* bewirkt gewiss das Heil der an *vāta*- und *pitta*-Fieber schwer Erkrankten[6].

---

[1] Beide Ausgaben lesen das sonst unbelegte *chinnauṣadha,* lediglich die BORI-Ms. liest das üblichere *chinnodbhava* im Text, welches Rudrabhaṭṭa dann als *chinnauṣadha* kommentiert. [2] Fieber ausgehend von *vāta-, pitta-* und *kapha*-Störungen, siehe Anhang II. [3] Pai liest *trikaṇṭakaiḥ.* [4] *daśaśatacchada,* »tausendblättrig« = Lotus. [5] *hanumajjanaka,* »Vater des Hanumant«, ist der Wind(gott) (*vāta*). [6] Wörtl.: »der von *vāta*- und *pitta*-Fieber Zerschlagenen«.

eka eva khalu pittakajvaraṃ
hanti parpaṭakṛtaḥ kaṣāyakaḥ
candanodakamahauṣadhānvitaś
cet tadā kim u punar vicāraṇā (1.19)

Schon allein der aus *parpaṭa* hergestellte Sud heilt das *pitta*-Fieber.[1] Warum also noch darüber nachdenken, wenn (er) zusammen mit *candana, udaka* und *mahauṣadha* (gegeben wird)?

drākṣāparpaṭarājavṛkṣakaṭukāmustābhayānāṃ jalaṃ
mūrcchāśoṣanidāghatṛṭpralapanabhrāntyādipittajvare
duḥsparśapramadākirātakaṭukāsiṃhāsyareṇūdbhavaḥ
kvāthaḥ śarkarayānvito harati tṛḍdāhāsrapittajvarān (1.20)

Bei *pitta*-Fieber mit Schwindel, Schwindsucht, Schwitzen, Durst, Geplapper, Umherirren usw. den Saft[2] von *drākṣā, parpaṭa, rājavṛkṣa, kaṭukā, mustā* und *abhayā* (benutzen). Der Sud aus *duḥsparśa, pramadā, kirāta, kaṭukā, siṃhāsya* und *reṇu* mit Zucker beseitigt *pitta*-Fieber mit Durst, Brennen und Blutungen.

aho kimarthaṃ bahavaḥ kaṣāyāḥ
parāśarādyair munibhir pradiṣṭāḥ
chinnāśivāparpaṭatoyapānāt
pittajvaraḥ kiṃ na sarīsarīti (1.21)

He! Wozu wurden von den Weisen wie Parāśara so viele Heiltränke angegeben?[3] Vergeht das *pitta*-Fieber nicht rasch durch einen Trank aus *chinnā, śivā* und *parpaṭa*?

---

[1] *pittakajvaraṃ* Pai, *paittakajvaraṃ* Saxena, *paittakaṃ jvaraṃ* Rudrabhaṭṭa. [2] Wörtl.: *jala* = »Wasser, Flüssigkeit«. [3] Eine ungewöhnlich kritische Anmerkung zur Überlieferung.

jalajalajapayodareṇuviśvau-
ṣadhaśiśiraiḥ sahitaṃ ṣaḍaṅgam etat
sapadi sukhakaraṃ sadā sadāha-
jvaratṛṣi yojyam idaṃ navajvare 'pi (1.22)

Bei Fieber mit Durst und Brennen[1] bringt der 6-teilige (Sud) von *jala, jalaja, payoda,*[2] *reṇu, viśvauṣadha* und *śiśira* immer sofort Besserung. Dieser ist auch bei neu auftretendem Fieber anwendbar.[3]

lohitacandanapadmakadhānya-
chinnaruhāpicumandakaṣāyaḥ
pittakaphajvaradāhapipāsā-
vāntivināśahutāśaharaḥ syāt (1.23)

Der Sud aus *lohitacandana, padmaka, dhānya, chinnaruhā* und *picumanda* nimmt Brennen, Durst und Erbrechen des *pitta-* und *kapha-*Fiebers fort.[4]

sahasradhautena ghṛtena kartur
abhyaṅgam oṣaḥ kṛśatāṃ bibharti[5]
anyāṅganāsaṃgamalālasasya
svīyeṣu dāreṣu yathābhilāṣaḥ (1.24)

Das Brennen eines Menschen, der sich mit hochreinem Ghee einreibt, vermindert sich, so wie bei einem nach fremden Frauen Verlangenden das Verlangen nach der eigenen Frau.

---

[1] Wörtl.: »Bei Durst durch Fieber mit Brennen«. [2] *jalajalajapayoda* Saxena, *jalajalajajalavāha* Pai, *jalajalajalabāha-* BORI-Ms. [3] Vermutlich handelt es sich weiterhin um *pittajvara.* [4] Es finden sich die Lesarten *vināśahutāśaharaḥ* in den Mss. II, III, V bei Pai und Saxena, während *vināśahutāśakaraḥ* im BORI-Ms. und Ms. I bei Pai zu finden ist. Beide lassen sich nicht gut konstruieren. Die Lesart *-kara* scheint zunächst wenig wahrscheinlich, da im Kompositum die zu beseitigenden Symptome stehen. Rudrabhaṭṭa sagt aber: *lohitacandanādīnāṃ kvāthaḥ pittādīnāṃ nāśakaraḥ syāt.* Dann müßte man das Kompositum aber so deuten, daß der Sud »ein Feuer erzeugt, welches« die genannten Symptome zerstört. Ein Feuer, das ein Fieber zerstört, wäre aber für einen Poeten ein unglückliches Bild. [5] Ms. I bei Pai liest *karoti* für *bibharti.*

tṛḍḍāhamohāḥ praśamaṃ prayānti
nimbapravālotthitaphenalepāt
yathā narāṇāṃ dhanināṃ dhanāni
samāgamād vāravilāsinīnām (1.25)

Das Einschmieren mit dem Saft junger *nimba*-Sprossen läßt Durst, Brennen und Wahnvorstellungen[1] schwinden, gleichwie der Umgang mit Huren die Reichtümer der Reichen schwinden läßt.[2]

amalaiḥ kamalair athānilair
alasaiḥ puṣparasaiḥ samanvitaiḥ
jalakelikathākutūhalair
api pittajvarajā rujo jayet (1.26)

Durch *pitta*-Fieber entstandene Erkrankungen kann man durch makellose Lotusblüten, sanften Windhauch mit Blütenduft sowie Vergnügen durch Erzählungen vom Spiel im Wasser[3] überwinden.

śrīkhaṇḍamaṇḍitakalevaravallarīṇāṃ
muktāphalākulaviśālakucasthalīnām
vaidagdhyamugdhavacasāṃ suvilāsinīnām
āliṅganaṃ sakaladāham apākaroti (1.27)

Die Umarmung der Geliebten, deren rankengleicher Körper mit *śrīkhaṇḍa*[4] geschmückt sind, deren große Dekolletés von Perlenketten erfüllt sind (und) deren Gespräche unverstellt und scharfsinnig sind, beseitigt das Brennen vollständig.

---

[1] Im *pitta*-Fieber. [2] Eine deutliche moralische Wertung steckt in der schlecht belegten Lesart *adhamānāṃ dhaninām* »der niedrigsten unter den Reichen«. [3] Vermutlich ist das Spiel von Kṛṣṇa mit den Gopīs im Teich gemeint. Die Alternativlesart *kalā* für *kathā* spräche für eine robustere Wasserbehandlung. [4] Kühlende Sandelpaste.

śayyā pallavapadmapattraracitā vāso vayasyaiḥ samaṃ
kāntāre kusumasphurattaruvare gānaṃ vipañcīyutam
ālāpāś ca śukālikokilakṛtāḥ kāntāś ca kāntāḥ kathāḥ
vātāś cāmalavālakavyajanajā dāhaṃ nirākurvate (1.28)

Ein Bett gefertigt aus Blattsprossen (und) Lotusblättern, das Verweilen mit Freunden in einem Wald an einem Ort mit blühenden Bäumen, das Singen zur Flöte und Geräusche von Papagei, Bienen und Kuckuck, Mädchen, reizende Geschichten und der Windhauch von Wedeln aus reinem Schweifhaar vertreiben das Brennen.

ayi nitambini gāyanalālase
madhuravāṇi nikāmamadālase
vapuṣi dāhayute vihitaṃ himaṃ
himahimāṃśujalair anulepanam (1.29)

O Du Schönhüftige, am Gesang Gefallen findend, mit süßer Stimme, betäubt von starkem Liebesverlangen! Bei Brennen im Körper wird kühlendes Eincremen mit (einer Paste aus) *hima, himāṃśu* und *jala* verordnet.

śubhrābhravibhramadhare śaśāṅkakarasundare
candanaiś carcite harmye svāpas tāpam apohati (1.30)

Der Schlaf in einem im Mondlicht schönen, wie eine helle Wolke erscheinden Haus, das vom Sandel »verehrt« wird,[1] beseitigt das Fieber.

prāṇapreyasi mā pibantu puruṣāḥ pittajvaravyākulāḥ
nānāvallijalaṃ vilambitaphalaṃ pāne viṣādapradam
tat taiḥ kiṃ kriyatāṃ cikitsakapate mugdhe sukhaṃ sevyatāṃ
sadyas tāpaharaḥ sudhādhikataraḥ kāntādharaḥ kevalam (1.31)

Geliebte! Die an *pitta*-Fieber leidenden Menschen sollen die vielfältigen, langsam wirkenden Schlingpflanzen-Auszüge, die beim Trinken Ekel erregen, nicht trinken.

[1] Die beiden indischen Übersetzer denken an ein Besprühen des Hauses mit Sandelwasser oder Einreiben des Körpers mit Sandelpaste, letzteres eher gegen den Text. Rudrabhaṭṭa deutet *carcita* als *pūjita*. Vielleicht ist gemeint, daß das Haus von kühlenden Sandelbäumen umgeben ist.

Herr der Ärzte! Was sollen sie denn dann tun?
Reizende! Einzig die Lippe der Geliebten, die stärker als Nektar sofort die Hitze nimmt, soll glücklich genossen werden.

kāntākaṭākṣadagdhānāṃ vada vaidya kim auṣadham
dṛḍham āliṅganaṃ pathyaṃ kvathaś cādharacumbanam (1.32)

Arzt! Sag, welches Medikament (ist) für die von einem Seitenblick der Geliebten Verbrannten?
Die enge Umarmung ist die Diät und der Extrakt ist das Küssen der Lippen.

pittajvare kiṃ rasaphāṇṭalepaiḥ
kiṃ vā kaṣāyair amṛtena vā kim
peyaṃ priyāyā mukham ekam eva
lolimbarājena sadānubhūtam (1.33)

Was (nützen) im *pitta*-Fieber Tränke, Aufgüsse und Salbungen, oder Extraktionen, oder gar Nektar? Der einzige Trank, der Lolimbarāja immer gut tat, sind die Lippen[1] der Geliebten.

prātaḥ paryuṣitaṃ dhānyasalilaṃ sitayā yutam[2]
antardāhaṃ haret pītaṃ duḥkhaṃ durgārcanaṃ yathā (1.34)

Am Morgen getrunkene, mit Zucker versetzte, abgestandene *dhānya*-Brühe nimmt das innere Brennen[3] weg, wie die Verehrung der Durgā das Leid wegnimmt.

pañcamūlyamṛtāmustāviśvabhūnimbasādhitaḥ
kaṣāyaḥ śamayaty āśu vāyumāyubhavaṃ jvaram (1.35)

Der aus *pañcamūlī*,[4] *amṛtā, mustā, viśva* und *bhūnimba* gewonnene Sud beruhigt schnell das aus einer *vāta*- und *pitta*-Störung entstandene Fieber.

---

[1] Oder auch wörtlich: »das Antlitz«. [2] Pai liest fälschlich das unmetrische *sitāyuta*, andere Quellen lesen *sitayā samam*. [3] Inneres Brennen, innere Hitze (mit kühlen Gliedern). Siehe Jolly 1901, S. 92. [4] Nach Pai *laghupañcamūlī*.

śṛṅgīkaṇākaṭphalapuṣkarāṇāṃ
kṣaudrānvitānāṃ vihito 'valehaḥ
śvāsena kāsena yutaṃ balāsa-
jvaraṃ jayed atra na kāpi śaṅkā (1.36)

Die Leckpaste gemacht aus *śṛṅgī, kaṇā, kaṭphala, puṣkara,* zusammen mit Honig, besiegt das *śleṣman*-Fieber mit Atembeschwerden und Husten – hieran gibt es keinen Zweifel.

bhārṅgīguḍūcīghanadārusiṃhī-
śuṇṭhīkaṇāpuṣkarajaḥ kaṣāyaḥ
jvaraṃ nihanti śvasanaṃ kṣiṇoti
kṣudhāṃ karoti prarucim tanoti (1.37)

Der Sud von *bhārṅgī, guḍūcī, ghana, dāru, siṃhī, śuṇṭhī, kaṇā* und *puṣkara* vernichtet das Fieber, vermindert die Luftnot, macht Hunger und vermehrt den Appetit.

mama dvayaṃ vismayam ātanoti
tiktākaṣāyo mukhatiktatāghnaḥ
nipīḍitorojasarojakośā[1]
yoṣā pramodaṃ pracuraṃ prayāti (1.38)

Zweierlei bewirkt mein Staunen: Daß der (bittere) Sud von *tiktā* nimmt die Bitterkeit im Mund. Und daß eine Frau, deren Brustwarze[2] gedrückt wird, große Wonne empfindet.

kvāthaḥ kaṭphalakaṭtṛṇābdadhanikāśṛṅgyugragandhābhayā-
bhārṅgīparpaṭaviśvadevatarujo bāhlīkamadhvanvitaḥ
kāsaśvāsamukhāmayajvarabalaśleṣmaprakopāpahaḥ
tadvat komalakaṇṭhi kaṇṭhajanitāṃ pīḍāṃ ca jahrīyate (1.39)

Der Sud aus *kaṭphala, kaṭtṛṇa, abda, dhanikā, śṛṅgī, ugragandhā, abhayā, bhārṅgī, parpaṭa, viśva, devataru,* mit *bāhlīka* und Honig, beseitigt Husten, Luftnot, Mundkrankheiten, Fieber und Aufwallungen von starkem Schleim.

---

[1] *kośā* Saxena und BORI Ms., *kośau* Pai. [2] Wörtl.: »Knospen des Lotus der weiblichen Brust«.

Du, mit dem sanften Hals! Ebenso wird das im Hals entstandene Leiden vollständig weggenommen.

arucim̩ dyati luṅgakesaram̩
saghṛtam̩ saindhavacūrṇacarcitam
rucim amburuhasya tanvi te
nayanam̩ khañjanagañjanam̩ yathā (1.40)

Schlanke! Wie Dein Auge, die Bachstelze übertreffend[1], des Lotus Schönheit nimmt, (so) entfernt die *luṅga*-Faser, mit Ghee vermischt und *saindhava*-Pulver, die Appetitlosigkeit.

granthīndrajāmarapurākṛmiśatrubhārṅgī-
bhṛṅgītrikaṭvanalakaṭphalapauṣkarāṇām
rāsnābhayābṛhatikādvayadīpyabhūta-
keśīkirātakavacācavikāvṛkīnām (1.41)

kvātho hanyāt sam̩nipātān samagrān
buddhibhram̩śam̩ svedaśaityapralāpān
śūlādhmānān vidradhiśleṣmavātān
vātavyādhīn sūtikānām̩ ca tadvat (1.42)

Der Sud aus *granthi, indraja, amara, purā, kṛmiśatru, bhārṅgī, bhṛṅgī, trikaṭu, anala, kaṭphala, pauṣkara* und aus *rāsnā, abhayā, bṛhatikādvaya, dīpya, bhūtakeśī, kirātaka, vacā, cavikā* und *vṛkī* dürfte sämtliche *sam̩nipāta*-Erkrankungen, die Verwirrung des Geistes, Schweiß, Kälte, sinnloses Daherreden, Kolik, Aufblähen des Leibes und innere Abszesse und *śleṣman-vāta*-Störungen[2] beseitigen. Ebenso die *vāta*-Erkrankungen der Wöchnerinnen.

sam̩nipātasya kālasya kaścid bhedo na vidyate
cikitsako jayed yas tu tasmāt ko 'sti pratāpavān (1.43)

Es gibt keinen Unterschied zwischen dem Todesgott und dem *sam̩nipāta*[3]. Wer ist mächtiger als der Arzt, der ihn dennoch besiegen kann?

---

[1] Die Augen der Bachstelze gelten in Indien wie die der Kuh als schön. [2] Erkrankungen aus der gemeinsamen Störung von *śleṣman* und *vāta.* [3] Das Zusammentreffen aller drei *doṣas* (*vāta, pitta* und *śleṣman*) zu einer lebensbedrohlichen Krankheit.

saṃnipātodadhau magnān uddhared yaḥ kṛpākaraḥ
tasmai kiṃ kiṃ na deyaṃ syād vada kovidanandini (1.44)

Du, die die Gelehrten erfreut! Sage mir, was man dem mitfühlenden (Arzt) nicht geben sollte, wenn er die im Ozean des *saṃnipāta* Untergehenden rettet?[1]

tridoṣājagaragrastaṃ mocayed yaḥ sa vaidyarāṭ
ātmāpi tasmai dātavyaḥ kiṃ punaḥ kanakādikam (1.45)

Wenn er den von der Boa der *tridoṣa*-Erkrankung Ergriffenen befreit, soll man ihm, dem König der Ärzte, sogar das eigene Selbst geben. Was sind dagegen Gold und anderes?

yaḥ śophaḥ śrutimūlajaḥ sa kaṭhinaḥ śānte tridoṣajvare
raktaṃ tatra jalaukayā pariharet sarpiḥ pibec cāturaḥ
rāsnānāgaraluṅgamūlahutabhugdārvyagnimanthaiḥ samair
lepaḥ syād aravindavandyanayane śophavyathādhvaṃsanaḥ
(1.46)

Wenn das *tridoṣa*-Fieber abgeklungen ist, ist die an der Ohrwurzel entstandene Geschwulst[2] schmerzhaft. Der Kranke (*āturaḥ*) entnimmt dort Blut mit Blutegeln und trinkt Ghee.
Du, mit Augen, die von den Lotussen zu preisen sind! Die Salbe von *rāsnā, nāgara, luṅga*-Wurzel, *hutabhuj, dārvī* und *agnimanthā* in gleichen Teilen, läßt den Schmerz der Geschwulst schwinden.

arkānantākirātāmaratarurasanāsindhuvārogragandhā-
tarkārīśigrupañcoṣaṇaghuṇadayitāmārkavāṇāṃ kaṣāyaḥ
sadyas tīvrān tridoṣān apaharati dhanurmārutaṃ dantabandhaṃ
śaityaṃ gātreṣu gāḍhaṃ śvasanakasanakaṃ[3] *sūtikāvātarogān*
(1.47)

[1] Dies ist als rhethorische Frage gemeint. Der Arzt, der eine unheilbare Krankheit heilt, verdient jede erdenkliche Belohnung. [2] Die Quellen schwanken zwischen den gleichbedeutenden Varianten *śopha* und *śotha*. [3] Pai liest gegen alle anderen Quellen *-karanakaḥ*.

Der Sud von *arka, anantā, kirāta, amarataru, rasanā, sindhuvāra, ugragandhā, tarkārī, śigru, pañcoṣaṇa, ghuṇadayitā* und *mārkava* beseitigt sofort die heftigen *tridoṣa*-Erkrankungen, Tetanus[1], Zähneknirschen[2], extreme Kälte in den Gliedern, Husten mit Luftnot und die *vāta*-Erkrankungen der Wöchnerinnen.

tiktātiktakaparpaṭāmṛtaśaṭīrāsnākaṇāpauṣkara-[3]
trāyantībṛhatīsurauṣadhiśivāduḥsparśabhārṅgīkṛtaḥ
kvātho nāśayati tridoṣanikaraṃ svāpaṃ divā jāgaraṃ
naktaṃ tṛṇmukhaśoṣadāhakasanaśvāsān[4] *aśeṣān api* (1.48)

Der aus *tiktā, tiktaka, parpaṭa, amṛta, śaṭī, rāsnā, kaṇā, pauṣkara, trāyantī, bṛhatī, sura, oṣadhi, śivā, duḥsparśa* und *bhārṅgī* gemachte Sud läßt die Gruppe der *tridoṣa*-Störungen, Schläfrigkeit während des Tages, Schlaflosigkeit nachts und auch Durst, Mundtrockenheit, Brennen, Husten und Luftnot alle[5] vergehen.

śūlāt pārśvaśiraḥsthitāt kasanataḥ śvāsāc ca jīrṇajvarān
muktaḥ syāt puruṣaḥ payaḥ paripiban pañcāṅghriṇā pācitam
ekāsau guḍapippalī vijayate jīrṇajvarājīrṇaruk-
kṣunmāndyārucipāṇḍujantukasanaśvāsān kim anyauṣadhaiḥ
(1.49)

Ein Mensch der mit *pañcāṅghri* aufgekochtes Wasser trinkt, wird von seitlichen[6] Kopfschmerzen, Husten, Luftnot und anhaltendem Fieber[7] befreit. Allein *pippalī* (mit) Zucker besiegt anhaltendes Fieber, Verdauungsstörung, Appetitlosigkeit, Ekel, Blässe, Würmer, Husten und Luftnot. Wozu (noch) andere Medikamente?

---

[1] *dhanurmāruta* wörtlich »Bogen-Wind-Erkrankung« entspricht einer bogenförmige Verkrampfung. Vgl. Jolly 1901, S. 119. [2] Oder: Zähneklappern? (*dantabandha*). [3] *pauṣkara-* Tripathi, *pauṣkaram* Pai, BORI. [4] *kasanaśvāsān* BORI, *kasanaṃ śvāsān* Tripathi, *kasanaḥ śvāsān* Pai. [5] Der Gebrauch von *aśeṣān* im Sanskrit ist so unscharf wie der von »alle« im Deutschen. [6] Vermutlich Schläfenkopfschmerzen. [7] I.S.v schwächendem Fieber (länger als 14 Tage). Vgl. Jolly 1901, S. 73.

jīrṇajvaraṃ kaphayutaṃ kaṇayā sametaś
chinnodbhavodbhavakaṣāyaka eva hanti
rāmo daśāsyam iva rāma iva pralambaṃ
rāmo yathā samaramūrdhani kārtavīryam (1.50)

Anhaltendes Fieber mit einer *kapha*-Störung wird nur von einem Sud aus *chinnodbhavā* mit *kaṇā* besiegt. So wie Rāma den Rāvaṇa,[1] (Bala-)rāma den Pralamba und (Paraśu-)rāma den Kārtavīrya an der Spitze der Schlacht (besiegten).

pañcamūlīkaṣāyasya sakṛṣṇasya[2] *niṣevaṇāt*
jīrṇajvaro kaphodbhūto vidadhāti palāyanam (1.51)

Durch den Gebrauch des *pañcamūlī*-Suds und *kṛṣṇā* verschwindet das aus der *kapha*-Störung entstandene anhaltende Fieber.

śaṭī śuṇṭhī reṇuḥ suratarur anantā bṛhatikā
ghanas tiktā tiktaṃ khalu navabhir ebhir viracitaḥ
kaṣāyaḥ pīto 'yaṃ madhukaṇavimiśraḥ śamayati
tridoṣaṃ niḥśeṣaṃ viṣamam api jīrṇajvaram api (1.52)

śaṭī, śuṇṭhī, reṇu, surataru, anantā, bṛhatikā, ghana, tiktā, tikta.[3] – Der Sud, bereitet aus diesen neun (Inhaltsstoffen), vermischt mit Honig und *kaṇa* getrunken, beruhigt die *tridoṣa*-Störung vollständig. Ebenso (beruhigt er) auch Wechselfieber und anhaltendes Fieber.

vāsāpaṭolatriphalādrākṣāśamyākanimbajaḥ
samadhuḥ sasitaḥ kvātho hanyād ekāhikajvaram (1.53)

Der Sud aus *vāsā, paṭola, triphalā, drākṣā, śamyāka* und *nimba* mit Honig und Zucker sollte das täglich wiederkehrende Fieber (*ekāhikajvara*)[4] beseitigen.

---

[1] Daśāsya = Rāvaṇa (»10-Münder«). [2] *sakṛṣṇasya* BORI und Rudrabhaṭṭa; Pais Ms. I liest *plakṣasya ca*, seine anderen Ms. lesen *sakaṇasya*. [3] Im Sinne von *tiktaka*? [4] Die anderen Quellen lesen *aikāhika-*.

tanvaṅgi gaṅgottaratīrabhūmau
mamāra hā ko 'py asutas tapasvī
jalāñjaliṃ tasya kṛte dadātu
saikāhikaḥ syād yadi te 'nujanmā (1.54)

Schlanke! O weh! Am nördlichen Ufer der Gaṅgā verstarb ein kinderloser Asket. Wenn Dein jüngerer Bruder das tägliche Fieber haben sollte, soll er ihm die Wasserspende[1] geben.

saśiśiraḥ sadhanaḥ samahauṣadhaḥ
sanaladaḥ sakaṇaḥ sapayodharaḥ
samadhuśarkara eṣa kaṣāyako
jayati bālamṛgākṣi tṛtīyakam (1.55)

Du, mit den Augen eines jungen Rehs! Der Sud aus *śiśira, dhana, mahauṣadha, nalada, kaṇa, payodhara*, Honig und Zucker besiegt das *tṛtīyaka*[2].

cāturthiko gacchati rāmaṭhasya
ghṛtena jīrṇena yutasya nasyāt
līlāvatīnāṃ navayauvanānāṃ
mukhāvalokād iva sādhubhāvaḥ (1.56)

cāturthika[3] vergeht durch das Eintropfen von *rāmaṭha* mit altem Ghee in die Nase, so wie die Ehrenhaftigkeit (eines Mannes) durch den Anblick der Gesichter koketter junger Mädchen vergeht.

akhaṇḍitaśaratkālakalānidhisamānane
cāturthikaharaṃ nasyaṃ munidrumadalāmbunā (1.57)

Du, mit einem Gesicht, das dem vollen Herbstmond gleicht! Der Saft der Blätter des *munidruma*, in die Nase getropft, entfernt das *caturthika.*

---

[1] Zur Verehrung der Ahnen. [2] Das alle drei Tage wiederkehrende Fieber. [3] Das alle vier Tage wiederkehrende Fieber.

suradāruśivāśivāsthirā-
vṛṣaviśvaiḥ kvathitaḥ kaṣāyakaḥ
madhunā sitayā ca saṃyutaḥ
paripītaḥ śamayec caturthikam (1.58)

Der Sud von gekochtem *suradāru, śivā, śivā,*[1] *sthirā, vṛṣa* und *viśva*, getrunken zusammen mit Honig und Zucker, beruhigt das *caturthika.*

takraṃ tryūṣaṇacūrṇayuktam atha vā madyaṃ hasantīṃ satīṃ
tadvat kambalarallakān atha kuthāṃ śītāturaḥ śīlayet
āliṅgeyur amuṃ himāvadhi dṛḍhaṃ tāruṇyadarpālasāḥ
kāśmīrāgaruliptapīvarakucāḥ kāmaṃ kuraṅgīdṛśāḥ (1.59)

Ein an Kälte leidender (Fieberkranker)[2] soll Buttermilch vermischt mit *tryūṣaṇa*-Pulver oder auch Branntwein oder eine Feuerstelle[3] und ferner wollene Stoffe und eine Decke anwenden. Oder antilopenäugige (Mädchen), deren volle Brüste mit *kāśmīra* und *agaru* eingecremt wurden, träge (und) stolz ob ihrer Jugend, sollen jenen nach (seinem) Begehren fest umarmen bis die Kälte endet.

śakrāhvadadrughnavṛṣāmṛtānāṃ
nirguṇḍikābhṛṅgamahauṣadhānām
kṣudrāyavānīsahitaḥ kaṣāyaḥ
śītajvarāraṇyahiraṇyaretāḥ (1.60)

Der Sud von *śakrāhva, dadrughna, vṛṣa, amṛta* (und) von *nirguṇḍikā, bhṛṅga, mahauṣadha* mit *kṣudrā* und *yavānī* ist für das von Kälte begleitete Fieber (so vernichtend) wie das Feuer (*hiraṇyaretas*) für den Wald.

vāṅmādhuryajitāmṛte 'mṛtalatā lakṣmīśivābhe śivā
viśvaṃ viśvavare ghano ghanakuce siṃhī ca siṃhodari
ebhiḥ pañcabhir oṣadhair madhukaṇāyuktaḥ kaṣāyaḥ kṛtaḥ
pītaś ced viṣamajvaraḥ kim u tadā tanvaṅgi na kṣīyate (1.61)

---

[1] Nach Pai sind beide mit diesem Namen bezeichnete Pflanzen hier gemeint, siehe auch unten im Index der Arzneimittel. [2] *śītajvara.* [3] So die Deutung von Pai vermutlich nach Rudrabhaṭṭa: *haśantīṃ śakaṭikāṃ satīṃ nirdhūmāṃ*. Verzeichnet ist die Bedeutung bisher aber weder für *has(/ś)antī* noch für *śakaṭikā.*

Die Nektarliane, o Du, deren Stimme süßer als Nektar ist,
die Śivā-Pflanze, o Du, die Du Lakṣmī und Śivā (=Umā) gleichst,
das All-Mittel, o Du, die Du von allen die Vorzüglichste bist,
die feste Zyper, o Du, die Du feste Brüste hast,
die Löwinnen(-Beere),[1] o Du, deren Taille wie die einer Löwin ist.
Trinkt man den Sud dieser fünf Heilmittel vermischt mit Honig und *kaṇā*,
vergeht dann nicht das Wechselfieber, o Schlanke?

sanāgarāyāḥ sapayodharāyāḥ
sasiṃhikāyāḥ saguḍūcikāyāḥ
dhātryāḥ kaṣāyo madhunā vimiśraḥ
kaṇāvimiśro viṣamajvaraghnaḥ (1.62)

Der Sud aus *nāgara, payodhara, siṃhikā, guḍūcikā* und *dhātrī* vermischt mit Honig und *kaṇā* beseitigt Wechselfieber.

nānyāni mānyāni kim auṣadhāni
paraṃ tu kānte na rasonakalkāt
tailena yuktād aparaḥ prayogo
mahāsamīre viṣamajvare 'pi (1.63)

Gibt es keine anderen anerkannten Medikamente? Geliebte! Bei *mahāsamīra*[2] und Wechselfieber gibt es aber doch nichts Besseres als die Anwendung von *rasona*-Brei mit Sesamöl.

bhavati viṣamahantrī cetakī kṣaudrayuktā
bhavati viṣamahantrī pippalī vardhamānā
viṣamarujam ajājī hanti yuktā guḍena
praśamayati tathogrā sevyamānā guḍena (1.64)

cetakī, vermischt mit Honig, vernichtet das Wechselfieber. [Auch] *pippalī* in ansteigender Dosis vernichtet das Wechselfieber. Die Wechselkrankheit[3] vernichtet *ajājī*, mit Zucker vermischt, ebenso wie *ugrā*, mit Zucker genommen, sie beseitigt.

---

[1] Der Versuch, das Wortspiel in der Übersetzung zu imitieren, kann natürlich nur ansatzweise gelingen. [2] Wörtl.: »großer Wind«, eine *vāta*-Störung. [3] Die »Wechselkrankheit« (*viṣamaruj*) dürfte hier dem Wechselfieber entsprechen.

kim u bhramayasi priye kuvalayaṃ karābhyām idaṃ
madīyavacanaṃ sudhārasasamaṃ samākarṇaya
purāṇaviṣamajvare kulakanimbasiṃhīndrajā-
mṛtāghanakaṣāyako madhuyuto varīvartate (1.65)

Geliebte! Warum drehst Du die Seerose (gelangweilt) in Deinen Händen? Höre auf meine nektargleichen Worte! Bei länger bestehendem Wechselfieber ist der Sud aus *kulaka, nimba, siṃhī, indraja, amṛtā* und *ghana* verbunden mit Honig besonders (wirksam).

svakāntijitarocane capalalocane mālatī-
prasūnanikarasphuratkabari pañcavaktrodari
paṭolakaṭurohiṇīmadhukacetakīmustaka-
prakalpitakaṣāyako viṣamam āśu jejīyate (1.66)

Du, den *rocana*[1] an Schönheit übertreffend, unsteten Blickes, mit Haarflechten glänzend von Jasminblüten (und) mit einer Löwentaille! Der aus *paṭola, kaṭurohiṇī, madhuka, cetakī* und *mustaka* hergestellte Sud besiegt schnell (und) vollständig das Wechselfieber.

yo bhajet samadhuśyāmāṃ he hemakalaśastani
viṣameṣu vyathās tasya na bhavanti kadācana (1.67)

O Du, mit Brüsten wie Goldkrüge! Wer *śyāmā* mit Honig einnimmt, der hat bei Wechselfiebern niemals Schmerzen.

kṣaṇam api calatāṃ jahīhi mugdhe
śṛṇu vacanaṃ mama tanvi sāvadhānā
vasati śirasi meghanādamūle
vrajatitarāṃ viṣamo viśāladṛṣṭe (1.68)

Reizende, halt einen Moment ein! Hör aufmerksam meine Rede, Schlanke! Wenn eine Wurzel von *meghanāda* am Kopf getragen wird, vergeht das Wechselfieber vollständig, Großäugige!

---

[1] Laut Rudrabhaṭṭa ist der Farbstoff *gorocanā* gemeint, es könnten aber auch verschiedene Pflanzen gemeint sein.

viṣamam apaharaty asau kaṣāyo
madhumadhuro 'madhurāmṛtāśivānām
aham iva tava mānini prakopaṃ
caraṇasaroruhayor luṭhan haṭhena (1.69)

Jener honiggesüßte Sud aus *amadhura,*[1] *amṛtā* und *śivā* beseitigt das Wechselfieber, so wie ich Deinen Zorn, o Schmollende, durch das Zubodenfallen vor Deine Lotus-Füße machtvoll beseitige.

abale kamalātanuratnakale
caladṛkkamale dhṛtakāmakale
amṛtābdaśivaṃ madhumad viṣame
viṣame viṣameṣuvilāsarate (1.70)

Weib! Ratnakalā! Deine Gestalt gleicht Lakṣmī, Dein Lotusblick ist ruhelos, und Du besitzt die Kraft des Liebesgottes (*kāma*). *amṛta, abda* und *śivā* mit Honig ist gut[2] bei Wechselfieber, o Wechselhafte, die Du Dich an den Spielen des Liebesgottes (*viṣameṣu*) erfreust.

ayi kuśāgrasamānamate mate
matimatām atimanmathamanthare
jvaraharaṃ rugariṣṭaśivāvacā-
yavahavirjatusarṣapadhūpanam (1.71)

O Du, deren Verstand so scharf ist wie die Spitze eines *kuśa*-Halmes! Du bist geachtet unter den Gelehrten. Du bist ermattet von starkem Liebesverlangen! Die Räucherung mit *ruj, ariṣṭa, śivā, vacā, yava, havis, jatu* und *sarṣapa* nimmt das Fieber.

tiktośīrabalādhānyaparpaṭāmbhodharaiḥ kṛtaḥ
kvāthaḥ punaḥ samāyātaṃ jvaraṃ śīghraṃ nivārayet (1.72)

Der Sud von *tiktā, uśīra, balā, dhānya, parpaṭa* und *ambhodhara* entfernt schnell das wiederkehrende Fieber.

[1] Die Ausgaben von Tripathi und Saxena lesen *madira,* Pai liest *'madhura* und Rudrabhaṭṭa erklärt *amadhura* als *nimba.* [2] So ist laut Kommentar zu ergänzen: *hitam iti śeṣaḥ.*

gopīdvyāmalakīsthirāmagadhajātiktāpayaḥpālinī-
drākṣāśrīphaladhāvanīhimaviṣāmustendrajaiḥ sādhitam
syād ājyaṃ viṣamajvarakṣayaśiraḥpārśvavyathārocaka-
chardiḥśoṣahalīmakapraśamanaṃ līlālatāmañjari (1.73)

Blüte der Schlingpflanze des Liebesspiels! Ghee mit *gopī, dvyāmalakī, sthirā, magadhajā, tiktā, payas, pālinī, drākṣā, śrīphala, dhāvanī, hima, viṣā, mustā* und *indraja* beruhigt das Wechselfieber, Schwindsucht, seitliche Kopfschmerzen[1], Ekel, Erbrechen, Auszehrung und Gelbsucht[2].

caladalataruseva homamantras trinetra-
dvijajanagurupūjā viṣṇunāmnāṃ sahasram
maṇidhṛtir api dānāny āśiṣas tāpasānāṃ
sakalam idam ariṣṭaṃ spaṣṭam aṣṭajvarāṇām (1.74)

Die Verehrung der Pappelfeige[3], Mantren für das Opfer, die Verehrung von Śiva, der Brahmanen und der Lehrer, (das Aufsagen der) tausend Namen Viṣṇus, das Tragen von Perlen[4], das Spenden und die Segnungen der Asketen sind alles passende Mittel für die acht[5] Fieber(-arten).

ayi ratnakale kalānidhe
kuśale kokilakomalasvare
jvaravān jvaravarjito 'tha vā
laghu kuryād aśanaṃ dinātyaye (1.75)

O Ratnakalā, Hort der Künste, Geschickte, mit einer angenehmen lieblichen Stimme wie ein Kuckuck! Ein Fiebernder oder einer, der das Fieber überstanden hat, soll (nur) leichte Mahlzeiten am Abend zu sich nehmen.

---

[1] I.S.v. halbseitige Kopfschmerzen oder beidseitige Schläfenkopfschmerzen. [2] Siehe zur Gelbsucht auch MÜLLER: »Die Gelbsucht der Alt-Inder«. In: *Kleine Schriften*, S. 40–72. [3] Ficus religiosa L., Bodhibaum. [4] Im Sinne eines fieberabweisenden Amuletts (*jvaraghnamaṇi*, Rudrabhaṭṭa). [5] JOLLY 1901, S. 71. »Es gibt acht verschiedene Arten des Fiebers, wovon sieben auf der Störung eines oder mehrerer Grundsäfte beruhen, die achte auf Verletzungen und anderen äusseren Ursachen.«. MEULENBELD: *The Mādhavanidāna and its chief commentary: chapters 1–10.* Leiden 1974, Vol. II 1, S. 85.

iti śrīdivākarasūnulolimbarājaviracite vaidyajīvane jvarapratīkāro nāma prathamo vilāsaḥ

So (endet) der erste Teil, genannt »Fieber-Heilmittel« im von Śrī Lolimbarāja, dem Sohn des Divākara, verfaßten *Vaidyajīvana.*

Zweiter Teil – dvitīyo vilāsaḥ

amṛtātiviṣāsurarājayava-
stanayitnukirātakaviśvapayaḥ
atisāraharaṃ jvaranāśakaraṃ
śṛṇu nirjitakuñjarakumbhakuce (2.1)

Du, mit Brüsten, die die Stirnhöcker der Elephanten übertreffen, höre! Die Flüssigkeit[1] aus *amṛtā, ativiṣā, surarājayava, stanayitnu, kirātaka* und *viśva* entfernt Durchfall und Fieber.

śītośīrakayugmavatsakavṛkīpadmāhvadhānyāmṛtā-
bhūnimbāmbudabālabilvakaviṣāviśvauṣadhaiḥ[2] *sādhitaḥ*
kvātho mākṣikasādhito vijayate hṛllāsatṛṣṇāvamī-
dāhārocakasaṅgabhaṅgacaturaḥ sarvātisārajvarān (2.2)

Der Sud, gemacht von *śīta*, den beiden *uśīras*, *vatsaka, vṛkī, padmāhva, dhānya, amṛtā, bhūnimba, ambuda, bāla, bilva, viṣā* und *viśvauṣadha,* mit Bienenhonig, ist geeignet, die Gruppe der Störungen (bestehend aus) Herzstolpern, Durst, Erbrechen, Brennen, Appetitmangel zu beseitigen und besiegt alle Fieber mit Durchfall[3].

pañcāṅghrivṛkyabdabalendrabīja-
tvaksevyatiktāmṛtaviśvabilvaiḥ
jvarātisārān savamīn sakāsān
saśvāsaśūlāñ chamayet kaṣāyaḥ (2.3)

Der Sud aus *pañjāṅghri, vṛkī, abda, balā,* Samen und Rinde von *indra, sevya, tiktā, amṛta, viśva* und *bilva* kann Durchfälle mit Fieber[4], begleitet von Erbrechen, Husten und Koliken mit Luftnot, beruhigen.

[1] *payas* hier i. S. v. *kvātha.* [2] Für *bilvakaviṣā* schreibt Pai *bilvativiṣā,* welches er dann als *bilva* und *ativiṣā* auflöst, was aber unmetrisch wäre. [3] Oder *sarvātisārāmayān* = »alle Durchfallerkrankungen« (SAXENA 2000, S. 31) [4] Oder: »Fieber und Durchfälle«.

kaphādhike vā pavanādhike vā
dvayādhike vā gurupañcamūlam
pittādhike syāl laghupañcamūlaṃ
punaḥ punaḥ pṛcchasi kiṃ mṛgākṣi (2.4)

Gazellenäugige! Warum fragst Du wieder und wieder? Bei einem Überschuß von *kapha, vāta* oder beiden soll *gurupañcamūla* (gegeben werden), beim Überschuß von *pitta laghupañcamūla.*

sadevadāruḥ saviṣaḥ sapāṭhaḥ[1]
sajantuśatruḥ saghanaḥ satīkṣṇaḥ
savatsakaḥ kvātha udāhṛto 'yaṃ
śophātisārāmbudhikumbhajanmā (2.5)

Der Sud von *devadāru, viṣā, pāṭhā, jantuśatru, ghana, tīkṣṇa* und *vatsaka* wird für den Durchfall mit Schwellung genannt, (wie) Agasti für den Ozean[2].

ayi priye prītibhṛtāṃ murārau
kiṃ bālakaśrīghanadhānyaviśvaiḥ
yasyāpy atīsārarujo na tasya
kiṃ bālakaśrīghanadhānyaviśvaiḥ (2.6)

O Geliebte! Was haben diejenigen, die die Liebe zu Kṛṣṇa in sich tragen, von Söhnen, großem Glück (*śrīghana*),[3] Getreide und (sogar) von der ganzen Welt (*viśva*)? Was hat derjenige, der keinen Durchfall hat, von *bālaka, śrī, ghana, dhānya* und *viśva*?

---

[1] *sapāṭhaḥ* in allen Quellen. Pai liest, ohne Varianten anzugeben, *sapāṭhā.* [2] Wörtl.: »der Sud ist ein Agasti für den Ozean des Schwellungsdurchfalls«. *Kumbhajanman,* der »Topfgeborene« ist ein Beiname von Agasti, der in der Mythologie den Ozean austrank. [3] Die Quellen schwanken zwischen der Lesart: *dhanadhānya* und *ghanadhānya.* Ausschlaggebend für das Akzeptieren der letzteren ist, daß *dhana* und *dhānya* beide Koriander bezeichnen und so die letzte Zeile widersinnig wäre.

pittātisāro dhānyāmbubilvābdānāṃ nirudhyate
kenātra jñāyate kartā paṇḍitena tvayā vinā (2.7)

pitta-Durchfall[1] wird durch wen oder was[2] aus *dhānya, ambu, bilva* und *abda* unterdrückt?
Welcher Gelehrte, außer Dir, kennt hier das logische Subjekt des Satzes?

indrajameghamadākusumaśrī-
lodhramahauṣadhamocarasānām[3]
cūrṇam idaṃ guḍatakrasametaṃ
hanty acirād atisāram udāram (2.8)

Das Pulver aus *indraja, megha, madā*-Blüte, *śrī, lodhra, mahauṣadha* und *mocarasa*, gemischt mit Zucker und Buttermilch, beseitigt rasch heftigen Durchfall.

kalyāṇi kāñcanalatālalitāṅgayaṣṭe
tāmbūlaśālivadane lalane śṛṇu tvam
śuṇṭhīmadākusumamocarasājamodās
takrānvitāḥ praśamayanty atisāram ugram (2.9)

Schöne, mit einem Körper anmutig wie eine goldene Schlingpflanze (und) einem Betelblatt kauenden Mund! Geliebte, höre! *śuṇṭhī, madākusuma, mocarasa* und *ajamodā*, gemischt mit Buttermilch, beruhigen schrecklichen Durchfall[4].

atisārapraśamanī citrapatrakaśobhitā
vṛddhidā tanuvahneś ca śyāmā śyāmeva rājate (2.10)

---

[1] Durchfall aufgrund einer *pitta*-Störung (eher nicht als galliger Durchfall anzusehen).
[2] Gemeint ist nach Rudrabhaṭṭa *jalena* als Agens der Passivkonstruktion. Es handelt sich ihm zufolge um eine Strophe, in welcher das Subjekt verborgen ist (*kartṛguptaṃ padyaṃ*). [3] Pai liest *indrajāmedhā*. [4] Für *atisāram ugram* liest Rudrabhaṭṭa *atisārasāram* und kommentiert: *atisārasāram atisārabalam*.

śyāmā, mit *citra* und *patraka* zubereitet, beruhigt den Durchfall (*atisāra*) und verstärkt schwache Verdauung (*tanuvahni*); wie eine Schöne (*śyāmā*), die geschmückt mit bunten Blätter-Tattoos (*citrapatraka*), die übermäßige Energie (der Männer) abmildert[1] und das schwache Feuer (*tanuvahni*) (der Männer) verstärkt (*vṛddhidā*).

bāle bālalatāpravālalatikākārāṅghrihastādhare[2]
mallīmālyalasatkucakṣitidhare ratnajvalanmekhale[3]
cañcatkuṇḍalamaṇḍale vijayate raktāmaśūlānvitā-
tīsāraṃ kuṭajābdabilvakaviṣādīpyaiḥ[4] *kaṣāyaḥ kṛtaḥ* (2.11)

Junge Frau[5] mit Händen, Füßen und Lippen (zart) wie Girlanden aus Blüten frischer Ranken! Mit Bergen gleichenden Brüsten erstrahlend unter Jasmingirlanden, mit (einem) glänzenden Gürtel aus Edelsteinen (und) schwingenden Ohrringen! Der Sud, gemacht aus *kuṭaja, abda, bilva, viṣā*[6] und *dīpya*, besiegt die blutigen Kolikschmerzen[7] bei Durchfall.

dhātakyāmalakīpayodharavṛkīkaṭvaṅgayaṣṭīmadhu-
śrījambvāmraphalāsthināgaraviṣāhrīberalodhrendrajaiḥ
tulyāṃśaṃ vihitaṃ sataṇḍulajalaṃ gaṅgādharākhyaṃ mahā-
cūrṇaṃ tūrṇam apākaroti sakalaṃ jīrṇātisāraṃ param (2.12)[8]

Das »große« Pulver, genannt *gaṅgādhara*, aus gleichen Teilen von *dhātakī, āmalakī, payodhara, vṛkī, kaṭvaṅga, yaṣṭīmadhu, śrī, jambu, āmra, phalāsthi, nāgara, viṣā, hrībera, lodhra* und *indraja*, gemischt mit Reiswasser, entfernt schnell (und) vollständig jeden andauernden[9] Durchfall.

---

[1] Rudrabhaṭṭa deutet *atisāra* als *mokṣa*, die Frau bewirkt also die »Befreiung« der Leidenschaftslosen (*strīpakṣe atisāro mokṣas taṃ śamayatīti ata eva vītarāgāṇāṃ muktiḥ*). [2] *latikākāra* Pai; *lalitākāra* Rudrabhaṭṭa, Pai Ms. II und V; *latitākāra* Tripathi. [3] *ratnojvalan* BORI. [4] *bilvativiṣādīpyaiḥ* Pai; *bilvakaviṣodīcyai* Tripathi; *bilvakaviṣodīcyaiḥ* Saxena, Pai Ms. IV. [5] Rudrabhaṭṭa erklärt das Wort hier als Anrede an Ratnakalā. [6] Der Text von Pai (*bilvativiṣā*) ist nicht möglich, *bilvātiviṣā* wäre unmetrisch. [7] Bzw. Koliken/Schmerzen bei blutigem Durchfall (Vgl. *āmaśūla* »Kolik bei Verdauungsschwäche«). [8] *tulyaṃśaṃ* Pai, BORI; *tulyaṃśair* Saxena, Tripathi. *mahā* Pai; *mahac* Saxena, Tripathi, BORI. [9] Wörtl.: »alten« i.S.v. »länger anhaltend«.

ayi kandukanindakastani
pramadārūpamadāpahāriṇi
rudhirātisṛtau kaṣāyakaḥ
samadhur dāḍimavatsakatvacaḥ (2.13)

Geliebte! O Du, deren Brust einen Ball beschämt! Die (anderen) Frauen den Stolz auf (ihre) Schönheit nimmt! In Fällen von blutigem Durchfall ist der Sud der Rinde von *dāḍima* und *vatsaka* mit Honig (zu geben).

candanaṃ vimalataṇḍulāmbunā
saṃyutaṃ madhuyutaṃ sitāyutam[1]
tṛḍvikhaṇḍanam asṛgvikhaṇḍanaṃ
khaṇḍanaṃ pracuradāhamehayoḥ (2.14)

candana mit reinem Reiswasser, mit Honig und Zucker gemischt, vernichtet Durst, Blutung[2], starkes Brennen und Harndrang.

kukṣiśūlāmaśūlaghnaṃ vividhāsrātisārajit
seveta saguḍaṃ bilvaṃ bilvatulyapayodhare (2.15)

Du, mit Brüsten gleich einer *bilva*(-Frucht)! Zur Beseitigung von Bauchschmerzen und Koliken und dem Besiegen verschiedener blutiger Durchfälle möge man *bilva* mit Zucker gebrauchen.

tṛṭśvāsakāsajvaraśophamūrchā-
hikkānnavidveṣaṇavāntiśūlaiḥ
yukto 'tisārī smaratu prasahya
govinda gopāla gadādhareti (2.16)

Derjenige, der an Durchfall verbunden mit Durst, Luftnot, Husten, Fieber, Ödem, Ohnmacht, Hicksen, Abneigung (gegenüber) Speisen, Erbrechen und Kolik (leidet), soll sich voller Inbrunst [das Gebet] ins Gedächtnis rufen: »Govinda! Gopāla! Gadādhara!«[3]

---

[1] *sitāmbunā* im mūla-Text des BORI-Ms. Rudrabhaṭṭa kommentiert die Lesung *sitāyutam* als *śvetāyuktaṃ*. [2] Wörtl.: »Blut«, hier eher als »Blutung« anzusehen. [3] Der hier beschriebene Durchfall, welcher gemeinsam mit Durst, Luftnot usw. auftritt, galt vermutlich als medizinisch unheilbar. Deshalb rät der Autor, sich den Namen Viṣṇus zuzuwenden. Diese Deutung folgt Rudrabhaṭṭa (*govindādīnāṃ smaraṇam evopakramaḥ asādhyatvāt*).

jātīphalaṃ nāgarasarpaphenau
kharjūphalaṃ bhinnam idaṃ ca nityaṃ
yojyaṃ dviniṣkaṃ ca karīṣajātād
araṇyajād bhasmasamaṃ ca sarvam[1] (2.17)

niṣkārdhamātraṃ bhiṣajā prayojyaṃ
dvivāram etac chubhataṇḍulodaiḥ[2]
jīrṇātisāre rudhirāmayukte
hitaṃ[3] *saśūle bahuvegayukte* (2.18)

jātīphala, nāgara, sarpaphena und eine zerkleinerte *kharjū*-Frucht, dies alles ist stets mit zwei *niṣka*[4] von verbranntem Kuhdung aus dem Wald zu vermengen. Dies ist in einer Menge eines halben *niṣka* zweimal (täglich) mit sauberem Reiswasser vom Arzt anzuwenden. (Es ist) hilfreich bei andauerndem Durchfall mit blutiger Verdauungsstörung (und) großer Heftigkeit.

yavānī nāgarośīradhanikātiviṣāghanaiḥ
bālabilvadviparṇībhir dīpanaṃ pācanaṃ bhavet (2.19)

yavānī mit *nāgara, uśīra, dhanikā, ativiṣā, ghana* und mit junger[5] *bilva* und *dviparṇī* facht die Verdauung an.

punarnavāvallijabāṇapuṅkha-
viśvāgnipathyācirabilvabilvaiḥ
kṛtaḥ kaṣāyaḥ śamayed aśeṣān
durnāmagulmagrahaṇīvikārān (2.20)

Der Sud gemacht aus *punarnavā, vallija, bāṇapuṅkha, viśva, agni, pathyā, cirabilva* und *bilva* kann alle Erkrankungen der Hämorrhoiden, innerer Tumore und der *grahaṇī*-Störung beruhigen.

---

[1] *sarvam* em. für *sarvaiḥ*. Das BORI-Ms. löst das syntaktische Problem durch sekundäre Korrektur zu *bhiṣajaiḥ*. [2] *taṇḍulodaiḥ* Tripathi, *taṇḍulodakaiḥ* Pai. [3] Em.: *hitaṃ* für *hitaḥ*. [4] Ein Gewichtsmaß entsprechend einer Goldmünze. [5] Saxena und Tripathi lesen *balā-* für *bāla-*.

śuṇṭhīchinnaruhāviṣājaladharais tulyaiḥ kaṣāyaḥ kṛto
mandāgnau grahaṇīgade 'pi satataṃ sāmānubandhe hitaḥ
śuṇṭhīkalkaśṛtaṃ ghṛtaṃ prapibataḥ pāṇḍvāmakāsāpahaṃ[1]
syād vāyor anulomanaṃ grahaṇikā vegena jaṅgamyate (2.21)

Der Sud aus gleichen Teilen von *śuṇṭhī, chinnaruhā, viṣā* und *jaladhara* ist bei schwachem Verdauungsfeuer[2], der *grahaṇī*-Störung sowie stets auch in der Verbindung mit einer Verdauungsschwäche[3] nützlich. Wer Ghee gekocht mit *śuṇṭhī*-Paste trinkt, kann Blässe, Verdauungsschwäche (*āma*) und Husten vertreiben, den Wind in die richtige Richtung bringen[4] und läßt die *grahaṇī* rasch verschwinden.

pāṭhāviṣākuṭajavṛkṣaphalatvagabda-
tiktāmadārasajanāgarabilvacūrṇam
sakṣaudrataṇḍulajalaṃ grahaṇīpravāha-
raktapravāhagudaruggudajeṣu dadyāt (2.22)

Das Pulver aus *pāṭhā, viṣā,* der Rinde und Frucht des *kuṭaja, abda, tiktā, madā, rasaja, nāgara* und *bilva* mit Honig und Reiswasser soll man bei *grahaṇī,* Durchfall, blutigem Durchfall, Analschmerzen und Hämorrhoiden geben.

tulyāṃśaṃ sakalaṃ kirātakaṭukāmustendrajatryūṣaṇaṃ
bhāgaś candrakalāmitaḥ kuṭajato bhāgadvayaṃ citrakāt
cūrṇaṃ ratnakalābhidhaṃ guḍapayoyuktaṃ ca pāṇḍujvarā-
tīsārārucikāmilāgrahaṇikāgulmapramehāpaham (2.23)

Das Pulver aus *kirāta, kaṭukā, mustā, indraja, tryūṣaṇa,* alle zu gleichen Teilen, einem sechzehntel (Teil) *kuṭaja* und zwei Teilen *citraka,* genannt *ratnakalā,* mit Zucker und Wasser, beseitigt Anämie, Fieber, Durchfall, Appetitlosigkeit, Ikterus, *grahaṇī,* (Unterleibs-)Tumor und Harnkrankheit.

---

[1] Für *pāṇḍu* finden sich auch die Lesarten *plīha* und *śvāsa.* Rudrabhaṭṭa schreibt *kutrāpi śvāsāmakāsāpaham ity api pāṭhaḥ.* [2] I.S.v. Verdauungsschwäche. [3] Die Deutung von *sāmānubandha* bleibt unsicher: *grahaṇī* in Verbindung mit Ausscheidung von Unverdautem (*āma*)? [4] D.h. abwärts.

kṣāradvandvapaṭutrikatrikaṭukaiś cavyājamodānalaiḥ
kṛṣṇāmūlakahiṅgujīramiśibhis tulyair vidheyaṃ rajaḥ
pītaṃ koṣṇajalena kolapayasā takreṇa vānyauṣadhād
dhṛtkṣudgulmagudāṅkuragrahaṇiṣu prāyaḥ priyaṃ preyasi (2.24)

Teure Geliebte! Das Pulver aus gleichen Teilen von *kṣāradvandva, paṭutraya, trikaṭuka, cavya, ajamodā, anala, kṛṣṇā*-Wurzel, *hiṅgu, jīra* und *miśi*, getrunken mit warmem Wasser, dem Saft von *kola* oder mit Buttermilch ist bei Herzerkrankungen, (Unterleibs-)Tumoren, Hämorrhoidalblutungen und *grahaṇī*-Störungen meist besser als andere Heilmittel.

dvikṣāraṣaṭkaṭupaṭuvrajahiṅgudīpyaiḥ
syāt sāraluṅgabadaraikarasena yuktaḥ
śleṣmānilagrahaṇikāsu guḍaḥ praśastaḥ
nakṣatramukhyamukhi dīpanapācane 'lam (2.25)[1]

Du, mit einem Angesicht wie der Mond! Eine Pille[2] aus *dvikṣāra, ṣaṭkaṭu, paṭuvraja, hiṅgu, dīpya* gemischt mit reinem[3] Saft aus *sāra, luṅga* und *badara* wird bei *śleṣmānila*[4] und *grahaṇikā*[5] empfohlen (und) ist in der Lage Appetit und Verdauung anzuregen.

cūrṇaṃ cavyakacitraśrīviśvabheṣajanirmitam
takreṇa sahitaṃ hanti grahaṇīṃ duḥkhakāriṇīm (2.26)

Das Pulver aus den Arzneien *cavyaka, citra, śrī* und *viśva* zusammen mit Buttermilch, beseitigt die schmerzverursachende *grahaṇī*.

rucakāgnimarīcānāṃ cūrṇaṃ takreṇa sevitam
grahaṇyudaragulmārśaḥkṣunmāndyaplīhanāśanam (2.27)

Das Pulver aus *rucaka, agni* und *marīca*, mit Buttermilch genossen, (bewirkt) das Verschwinden von *grahaṇī*, Aszites, Unterbauchtumor, Hämorrhoiden, Appetitlosigkeit und Milzschwellung.

---

[1] Der Text folgt Rudrabhaṭṭa, während die Ausgaben das nicht konstruierbare *-guḍaje praśastaṃ* lesen. Pai folgt hier nicht seiner Leithandschrift, die aber mit *suguḍapraśasto* in die richtige Richtung gezeigt hätte. Daß die Herausgeber Rudrabhaṭṭa zur Texterstellung verwendet haben, erscheint vor dem Hintergrund solcher Stellen als eher unwahrscheinlich.
[2] Laut Rudrabhaṭṭa bedeutet *guḍa* hier *guṭikā*. [3] Wörtl.: »dem Saft nur (aus)«. [4] *śleṣman* + *vāta* = Schleim- und Wind-Störung. [5] Synonym für *grahaṇī*(-Störung).

ājyaṃ payodharajalendrajabālabilva-
hrīberamocarasakalkayutaṃ supakvam
āmānubandhasahitaṃ rudhirānvitaṃ ca
sadyo nihanti gṛhiṇi grahaṇīvikāram (2.28)

Hausfrau! Gut gekochtes Ghee mit *payodhara, jala, indraja*, zarte *bilva, hrībera* und der Paste aus *mocarasa* vernichtet sofort *grahaṇī*-Störung begleitet von Verdauungsschwäche und Blutungen.

iti śrīdivākarasūnulolimbarājaviracite vaidyajīvane
grahaṇīpratīkāro nāma dvitīyo vilāsaḥ

So (endet) der zweite Teil, genannt »Behandlung[1] der *grahaṇī* (-Störungen)« im von Śrī Lolimbarāja, dem Sohn von Divākara, verfaßten *Vaidyajīvana*.

[1] Oder Heilmittel.

Dritter Teil – tṛtīyo vilāsaḥ

ataḥ paraṃ komalavāṇi kāsa-
śvāsapratīkāram udīrayāmaḥ
nihanti kāsaṃ gurupañcamūlī-
kṛtaḥ kaṣāyaś capalāsahāyaḥ (3.1)

Du, mit der zarten Stimme! Nun beginnen wir mit dem Mittel gegen Husten und Luftnot. Der Sud, hergestellt aus *gurupañcamūlī*[1] zusammen mit *capalā*, beseitigt den Husten.

ghanaviśvaśivāguḍajā guṭikā
tridinaṃ vadanāmbujamadhyadhṛtā
harati śvasanaṃ kasanaṃ lalane
lalaneva himaṃ hṛdaye nihitā[2] (3.2)

Geliebte! Eine Pille aus *ghana, viśva, śivā* und Zucker, für 3 Tage im Mundlotus gehalten, nimmt Luftnot und Husten, (genauso) wie eine an das Herz gedrückte Geliebte die Kälte nimmt.

ajasya mūtrasya śataṃ palānāṃ
śataṃ palānāṃ ca kalidrumasya
pakvaṃ samadhv āśu nihanti kāsaṃ
śvāsaṃ ca tadvat sabalaṃ balāsam (3.3)

Je hundert *pala*[3] von Ziegenharn und von *kalidruma*, mit Honig eingekocht, besiegen schnell Husten und Luftnot und die schwere *kapha*-Störung.

---

[1] Rudrabhaṭṭa liest und kommentiert stattdessen *laghupañcamūlīkṛtaḥ*. [2] *hṛdaye nihitā* findet sich nur in Pai mit Variante in Ms. IV *nihatā*. Alle anderen Quellen lesen *hṛdayopagatā*.
[3] In Saxena 2000, S. 125, findet sich eines der indischen Maßsysteme, welches mit verschiedenen Samen als Normgrößen arbeitet. Demnach sind 18 Senfsamen 1 *guñjā* (= 1 Samen von *Abruss precatorius*). 6 *guñjā* entsprechen 1 *ānā*, 16 *ānā* ergeben 1 *tolā*, 8 *tolā* ein *pala*, 100 *pala* eine *tulā* usw.

ārdrād ardhatulā guḍād api tathārdhāṃśaṃ ca kustumbarī-
dīpyāyojaraṇatrijātajaladād etat paced yuktitaḥ
leho ratnakale tavaiva kathitaḥ prāṇapriyāyā mayā
kāsārśojvarapīnasaśvayathurukgulmakṣayadhvaṃsanaḥ (3.4)

Je eine halbe *tulā*[1] von *ārdra* und Zucker und je die Hälfte (einer halben *tulā*) von *kustumbarī, dīpya, ayas, jaraṇa, trijāta* und *jalada* sollen vorschriftsgemäß[2] zusammen gekocht werden. Ratnakalā! Das (daraus hergestellte) Leckmittel, von mir nur Dir, meiner Geliebten, beschrieben, beseitigt Husten, Hämorrhoiden, Fieber, Schnupfen, Schwellungen, (Unterbauch-)Tumor und Schwindsucht.

rāsnābalāpadmakadevadāru-
phalatrikatryūṣaṇavellacūrṇam
cintāmaṇi kṣaudraghṛtopapannaṃ
śvāsāṃś ca kāsāṃś ca nirākaroti (3.5)

Das Pulver aus *rāsnā, balā, padmaka, devadāru, phalatrika, tryūṣaṇa* und *vella,* (genannt) *cintāmaṇi,* mit Honig und Ghee zurechtgemacht, unterdrückt (alle Arten von) Luftnot und Husten.

vāsāharidrādhanikāguḍūcī-
bhārṅgīkaṇānāgaradhāvanīnām
kvāthena mārīcarajonvitena
śvāsāḥ kṣayaṃ yānti na kasya puṃsaḥ (3.6)

Bei welchem Menschen verschwinden durch den Sud aus *vāsā, haridrā, dhanikā, guḍūcī, bhārṅgī, kaṇā, nāgara* und *dhāvanī* mit Pfefferpulver nicht die Atembeschwerden?

---

[1] Ein Gewichtsmaß (1 *tulā* entspricht etwa 5 kg). [2] *yuktitaḥ* bedeutet nach Rudrabhaṭṭa *vaidyasampradāyena.*

tulyā lavaṅgamaricākṣaphalatvacaḥ syuḥ
sarvaiḥ samo nigaditaḥ khadirasya sāraḥ
babbūlavṛkṣajakaṣāyayutaṃ ca cūrṇaṃ
kāsān nihanti vaṭikā ghaṭikāṣṭakānte (3.7)

Ein Pulver aus gleichen Teilen von *lavaṅga*, *marica*, Frucht und Rinde von *akṣa* und genauso viel von dem Exsudat des *khadira*, gemischt mit dem Sud der Rinde der *babbūla*, wird (für eine Pille) vorgeschrieben. Die Pille schlägt (alle) Husten(-arten) in acht *ghaṭikās*[1] nieder.

vātaṃ nirdalayan kaphaṃ kavalayann unmūlayan pīnasaṃ
dṛṣṭiṃ nirmalayan prabhāṃ prabalayan hṛdrogam utsārayan
niḥśeṣaṃ jaṭharāmayaṃ praśamayann uddīpayan pāvakaṃ
kāsaśvāsanirāsasādhanam asau viśvākaṣāyaḥ smṛtaḥ (3.8)

Der Sud aus trockenem Ingwer zerbricht die *vāta*-Störung, verschlingt die *kapha*-Störung, vernichtet den Schnupfen, reinigt das Augenlicht, verbessert die Haut,[2] beseitigt Herzerkrankungen, beruhigt alle Baucherkrankungen, entfacht das (Verdauungs-)Feuer und ist bekannt (als) ein Heilmittel, das Husten und Luftnot beseitigt.

rūpaṃ kīdṛk kamalavadane nuḥ pare sau gireḥ syāt
saṃbuddhiḥ kā madhuravacane kāgnibījasya ṣaṣṭhiḥ
kasya kvāthaḥ śvasanaśamano vallabheneti pṛṣṭā
vidvadvandyā drutam idam adāt sottaraṃ nāgarasya (3.9)

Du, mit einem Antlitz wie ein Lotus! Welche Form hat der Stamm von *nuḥ* vor dem Suffix *su*?[3] Wie lautet der Vocativ für »Berg«?[4] Du, mit der süßen Stimme! Was ist der Genitiv der Silbe des Feuergottes?[5] Woraus besteht der Sud, der Atembeschwerden beruhigt? So vom Geliebten befragt, antwortete sie, die von Gelehrten zu Preisende, schnell: »*nāgarasya*«[6].

---

[1] Eine *ghaṭikā* entspricht 24 Minuten. [2] Wörtl.: »verstärkt den Glanz«. [3] *nuḥ* ist Gen. Sg. von *nṛ* »Mann«. Mit der Endung des Nom. Sg. *su* ergibt sich *nā*. [4] Erst aus der Antwort geht hervor, daß hier aus vielen möglichen Synonymen das Wort *aga* gemeint ist. [5] Die Silbe *ra* (Nom. Sg.), im Genitiv = *rasya*. [6] »aus trockenem Ingwer«.

kaṭutailena saṃyukto guḍo yāvan na sevitaḥ
tāvan naśyati kiṃ śvāsaḥ pīyūṣamadhurādhare (3.10)

Du, mit den nektarsüßen Lippen! Kann Luftnot schwinden, solange nicht *kaṭu*-Öl mit Zucker angewandt wird?

sevitaṃ madhukhaṇḍābhyāṃ cūrṇaṃ marīcajaṃ yadi
kimarthaṃ kriyate cintā kāsaśvāsau parājitau (3.11)

Warum (sollte man) sich Sorgen machen, wenn Pulver aus *marīca,* mit Honig und Zucker genommen wird? Husten und Luftnot sind besiegt!

ayi ratnakale nīlanalinacchadanekṣaṇe
siṃhīkaṣāyaḥ sakaṇaḥ kāsagrāsakaraḥ kṣaṇāt (3.12)

Liebe Ratnakalā, mit Augen wie blaue Seerosenblätter! Der Sud von *siṃhī* mit *kaṇa* verschlingt augenblicklich den Husten.

pippalīpippalīmūlavibhītakamahauṣadhaiḥ
madhunā sevitaiḥ kāsaḥ praśāmyati kutūhalāt[1] (3.13)

Durch *pippalī, pippalī*-Wurzel, *vibhītaka* und trockenem Ingwer, genommen mit Honig, wird Husten wunderbar beruhigt.

rāvaṇasya suto hanyān mukhavārijadhāritaḥ
śvasanaṃ kasanaṃ vāpi tam ivānilanandanaḥ (3.14)

Der Sohn des Rāvaṇa (Akṣa)[2], im Innern des Mundlotus gehalten, vernichtet Atembeschwerden oder auch Husten, so wie er selbst[3] durch (Hanumant,) den Sohn des Windes, vernichtet wurde.

---

[1] *kutūhalāt* BORI, Pai Mss. II–V; *kutūhalam* Tripathi, Saxena; *kutūhalaḥ* Pai (Ms. I).
[2] Rāvaṇas Sohn ist Akṣa, hier ist also die gleichnamige Pflanze gemeint. [3] Hier ist nun in Anspielung auf das *Rāmāyaṇa* der Sohn Rāvaṇas gemeint, der vom Affengott Hanumant vernichtet wurde.

ayi prāṇapriye jātīphalalohitalocane
śuṇṭhībhārṅgīkṛtaḥ kvāthaḥ śvāsahrāsāya pāyayet[1] (3.15)

O meine Geliebte, mit Augen rot wie *jātīphala*! Der Sud gemacht aus *śuṇṭhī* und *bhārṅgī* soll zur Minderung von Luftnot zu trinken gegeben werden.

asti prāṇapate mama priyatamā kandarpalīlā sakhī
kāsakleśavaśād atīva kṛśatāṃ prāptāsti sā sāmpratam
tasyās tvaṃ kathayopacāram adhunā kṣaudrānvitaṃ dīyatāṃ
viśvagranthikaṇākalidrumabhavaṃ cūrṇaṃ cakorekṣaṇe[2] (3.16)

O mein Herr! Kandarpalīlā, meine allerliebste Freundin, ist wegen der Hustenqual jetzt sehr abgemagert. Nenne Du ihr jetzt das Mittel![3]
Man soll (ihr) das Pulver aus *viśva, granthi, kaṇā* und *kalidruma*, gemischt mit Honig, geben! Du, mit den Augen eines Cakora-Vogels!

saṃyutaṃ guḍasarpibhyāṃ cūrṇaṃ trikaṭusaṃbhavam
nihanti tarasā kāsāṃs trāsān iva satāṃ hariḥ (3.17)

Das Pulver aus *trikaṭu* gemischt mit Zucker und Ghee beseitigt rasch Husten, so wie Hari die Ängste der guten Menschen.

śṛṅgiberaraso yena madhunā saha sevitaḥ
śvāsakāsabhayaṃ tasya na kadācid bhaviṣyati (3.18)

Nimmt man den Saft von *śṛṅgibera* mit Honig ein, so besteht nie die Gefahr von Luftnot und Husten.

---

[1] Für *hrāsāya* lesen das BORI-Ms. und Pai (Ms. I und IV) *trāsāya*. Tripathi liest den Pāda als *kalanaśvasanāhirāṭ*, Saxena als *kasanaśvasanāhirāṭ*. [2] *bhavaṃ* BORI-Ms., Tripathi; *bhavac* Pai. [3] Rudrabhaṭṭa erklärt, daß dies ein Dialog zwischen Ratnakalā und Lolimbarāja ist (*iti ratnakaloktiḥ / atha lolimboktiḥ*).

pulomajāvallabhasūnupatnī-
tātātmabhūśekharavāhanasya
saundaryadūrīkṛtarāmarāme
kaṣāyakaḥ kāsasamīrasarpaḥ (3.19)

O Du, deren Schönheit die der Frau Rāmas verblassen läßt. Der Sud dieses Stoffes verschlingt den Husten wie die Schlange den Wind. Nimm vom Ehemann der Tochter des Puloman (= Indra) den jüngeren Bruder (Upendra) und seine Frau (Lakṣmī). Der Sohn ihres Vaters (Samudra) schmückt den Kopf (des Gottes Śiva). Der Name ist der des Reittieres dieses Gottes.[1]

phalatrayacchinnaruhāhutāśa-
rāsnākṛmidhvaṃsikaṭutrayāṇām[2]
cūrṇaṃ samāṃśaṃ sitayā sametaṃ
kāsaṃ jayen nātra vicāraṇīyam (3.20)

Das Pulver aus gleichen Teilen von *phalatraya, chinnaruhā, hutāśa, rāsnā, kṛmidhvaṃsin* und *kaṭutraya,* mit Zucker, kann Husten besiegen, daran ist nicht zu zweifeln.

daśamūlakaṣāyamiśritaṃ vā lalane viśvakaṣāyamiśritaṃ vā
prapibet kaṭikukṣivastiśūle dhruvam eraṇḍajatailam ekam eva
(3.21)

Geliebte! Bei Hüft-, Bauch- und Blasenschmerzen soll gewiß nur *eraṇḍa*-Öl, vermischt mit dem *daśamūla*-Sud oder dem *viśva*-Sud, getrunken werden.

rāsnāmṛtānāgaradevadāru-
pañcāṅghriyugmendrayavaiḥ kaṣāyaḥ
ruvūkatailena[3] *samanvito 'yaṃ*
bhettā bhaved āmasamīraṇasya (3.22)

Der Sud aus *rāsnā, amṛtā, nāgara, devadāru,* den beiden *pañcāṅghri*[4] und *indrayava* mit Rizinus-Öl zerschlägt den *āmavāta*[5].

---

[1] Zur Deutung siehe oben S. 15. [2] Das BORI-Ms. und Pai lesen ein Kompositum, Tripathi und Saxena lesen Nominative: *phalatrayaṃ chinnaruhā* [...] *sakaṭutrayaṃ ca* [3] *rubūka* in den Druckversionen, das BORI-Ms. liest *ruvūka.* [4] Verbindung der beiden »5-Wurzel-Zubereitungen« (*laghu-* u. *guru/bṛhat-pañcamūlī*). [5] Die »unreife/unverdaute« *vāta*-Störung.

vilāsinī vilāsena vilāsihṛdayaṃ yathā
tathā guḍūcī viśvena hared āmasamīraṇam (3.23)

So wie eine anmutige Frau mit ihrem Liebreiz das Herz des Geliebten raubt, so entfernt *guḍūcī* mit *viśva* den *āmavāta.*

samyaksvinnāś chagalajarase kānanotthāḥ kulatthāś
caile baddhāḥ parihṛtatuṣāḥ prauḍhasīmantinībhiḥ
sūkṣmaṃ piṣṭāḥ paṭurasaniśācūrṇapūrṇāḥ kṣapāyāṃ
cakṣuḥkṣiptāḥ rudhiravikṛtiṃ saṃharanti tryaheṇa (3.24)

Wilde[1] *kulattha*, gut gekocht in Schafsbockurin, die Hülsen entfernt (und) fein gemahlen von erwachsenen Frauen, gemischt mit dem Pulver aus Salz, *rasa* und *niśā* (wird) in ein Tuch gebunden. (Dies) nachts auf das Auge gelegt, beseitigt die blutige (Augen-)Veränderung binnen drei Tagen.

lolimbarājakavinā vanitāvataṃse
śigror amuṣya kathito 'sti kim u prayogaḥ
etasya pallavarasāt samadhoḥ kim anyat
dṛgvyādhimātraharaṇe mahilāgragaṇye (3.25)

Krone der Frauen! Schilderte der Dichter Lolimbarāja die Anwendung von jenem *śigru*?[2]
Beste der Frauen! Wodurch sonst, als von dem Saft seiner Blätter, (gemischt) mit Honig, wird die Augenkrankheit[3] entfernt?

kuvalayanayane 'rjunaṃ kapho 'bdheḥ
saha sitayāśu nirācarīkaroti
priyakaram iva kāminī navoḍhā
laghukucaśālini vakṣasi prayuktam (3.26)

O Du mit Augen wie eine Seerose! Der Schleim des Meeres[4] gemischt mit Zucker, wehrt *arjuna*[5] so schnell ab, wie eine Frischverheiratete die auf (ihre noch) kleine Brust gelegte Hand des Geliebten.

---

[1] Wörtl.: »aus dem Wald stammend«. [2] Rudrabhaṭṭa deutet die Strophe so, daß hier eine Frau zu einer Freundin spricht (*kācit sakhīṃ praty āha*). Für Saxena ist es die Frage einer Freundin an Ratnakalā. [3] Die Funktion von *mātra* in Pāda d ist unklar, der Kommentar übergeht das Wort. [4] Hier als Variante für »Meerschaum« (*samudraphena*), welches das Tintenfischbein (*os sepiae*) bezeichnet. [5] Eine Augenerkrankung.

iti nigaditam āryaiḥ netrarogāturāṇāṃ
niśi samadhughṛtāgryā sevitavyā sukhāya
ayi navaśiśulīlāloladṛṣṭe tvam agryā
janayasi bata kasmād vaiparītyaṃ paraṃ tu (3.27)

Edle (Ärzte) verkündeten: *agryā* mit Honig und Ghee soll in der Nacht zum Nutzen der Augenkranken genommen werden. Du, mit den unruhigen Augen eines jungen Kindes! O, warum bewirkst Du, die Beste (*agryā*), jedoch das völlige Gegenteil[1]?

nirākaroti naktāndhyaṃ sagomayarasā kaṇā
yathā ratena ramaṇī ramaṇasya mahābalam (3.28)

(Das Pulver von) *kaṇā* (gemischt) mit dem Extrakt von Kuhmist entfernt die Nachtblindheit, so wie die Geliebte durch die Liebeslust die große Kraft des Geliebten nimmt.

śyāme 'śyāme priyaśyāme śyāmabodhitamānase
śuklaṃ śamayati kṣipraṃ mākṣikaṃ mākṣikānvitam[2] (3.29)

Junge Hellhäutige! Du, die einen dunkelhäutigen Geliebten hast! Deren Herz von (einem) Dunkelhäutigen geweckt wurde![3] (Das Collyrium aus) *mākṣika* mit Honig lindert schnell *śukla*[4].

triphalāvṛṣabhūnimbanimbatiktāmṛtākṛtaḥ
kvātho madhusitāyukto kāmalāpāṇḍurogajit (3.30)

Der Sud von *triphalā, vṛṣa, bhūnimba, nimba, tiktā* und *amṛtā* gemischt mit Honig und Zucker besiegt Gelbsucht und Blässe.

---

1 Nach Pai sollen Augenkranke die »company of women« meiden, nach Saxena ist »copulation« schädlich. Rudrabhaṭṭas Erklärung ist feinsinniger, er deutet das »Gegenteil« als eine Art Geblendetsein (*dṛṣṭināśa*), vermutlich durch die Schönheit. Er merkt aber an, daß es für die Stelle viele andere Versionen gebe (*atra pāṭhāntarāṇi bahūni santi*) und zitiert und kommentiert zwei weitere Versionen derselben Strophe. 2 Das BORI-Ms. und Pai lesen *mākṣiko mākṣikānvitaḥ*. 3 Die Übersetzung ist der Versuch, den Text zu kontextualisieren. Tatsächlich ergeben sich durch das Mitlesen oder Weglassen der zwei *avagrahas* unterschiedliche Deutungsmöglichkeiten. Rudrabhaṭṭa bezeichnet die Zeile als mehrdeutig (*anekārtha*), Tripathi widmet ihr einen ganzen Abschnitt über die Hautfarbe des Autors (TRIPATHI, S. 20f). 4 *śukla* = eine Erkrankung der Bindehaut.

devadālīphalaraso nasyāto hanti kāmalām
saṃdeho nāsti samphullanīlotpalavilocane (3.31)

Du, mit Augen wie voll erblühte blaue Seerosen! Der Saft der *devadālī*-Frucht, als Nasenmittel (gegeben), beseitigt die Gelbsucht. Daran besteht kein Zweifel!

girimṛddhātrirātrīṇām añjanaṃ kāmalāpaham
idaṃ na hi bhaven mithyā śapathas tu tavāṅgane (3.32)

Die Salbe[1] aus *girimṛd, dhātri* und *rātri* vertreibt die Gelbsucht. Denn dies kann nicht falsch sein, o Frau, das schwöre ich Dir.

aye manojñakuṇḍale sphuranmukhendumaṇḍale
gavāṃ payaḥ sanāgaraṃ nihanti tanvi kāmalām (3.33)

O Du Schlanke, mit ansprechenden Ohrringen und einem glänzenden Antlitz wie der volle Mond![2] Kuhmilch mit *nāgara* beseitigt die Gelbsucht.

picumandarasena miśritaiḥ
picumandānilaśatrubījakaiḥ
ghaṭitāṃ vaṭikāṃ bhagāntare
bhagaśūlapraśamāya dhārayet (3.34)

Eine Pille aus dem Saft des *picumanda* vermischt mit den Samen von *picumanda* und *anilaśatru* soll in der Vagina zur Linderung vaginaler Beschwerden getragen werden.

taruṇy uttaraṇīmūlaṃ chāgīsarpiḥsamanvitam[3]
śivaśastrābhidhāṃ bādhāṃ yonisthāṃ hanti satvaram (3.35)

Mädchen! (Die Salbe aus) der Wurzel von *uttaraṇī* und Ziegenbutterschmalz, beseitigt rasch den vaginalen Schmerz, der den Namen der Waffe Śivas trägt.[4]

---

[1] Möglicherweise auch das »Collyrium«, wobei die Behandlung dann wohl eher nur auf die Gelbfärbung der Skleren zielt. [2] Wörtl.: »die Mondscheibe«. [3] Alle Quellen außer der BORI-Ms. lesen *sanāgaram* für *samanvitam* (siehe Einleitung, S. 20). [4] Śivas Waffe ist der Dreizack (*triśūla*). Hier ist *śūla* (»Schmerz, Kolik«) als Bezeichnung für die Art des Schmerzes gemeint.

gopīvṛkīdārukirātamūrvā-
tiktāmṛtāviśvaghanendrajānām
kvātho 'yam ukto mṛgalocanānāṃ
duṣṭasya dugdhasya viśodhanāya (3.36)

Der Sud aus *gopī, vṛkī, dāru, kirāta, mūrvā, tiktā, amṛtā, viśva, ghana* und *indraja* wird für die Reinigung der verdorbenen Milch von (stillenden) Frauen[1] empfohlen.

kaṭaṅkaṭerīrasajābdavāsā-
bhūnimbabhallītilajaḥ kaṣāyaḥ
kṣaudrānvitaś cañcalalocanānāṃ
nānāvidhāni pradarāṇi hanyāt (3.37)

Der Sud von *kaṭaṅkaṭerī, rasaja, abda, vāsā, bhūnimba, bhallī,* und *tila,* zusammen mit Honig, beseitigt bei Frauen[2] vielfältige Arten der Blutungsstörungen[3].

kuvalayadalanetre taṇḍulīyasya mūlaṃ
rasajam api samāṃśaṃ bheṣajadvandvam etat
himakaramukhi yuktaṃ taṇḍulāmbhomadhubhyāṃ
pradaradaram udīrṇaṃ sundarīṇāṃ nihanti (3.38)

Du, mit Augen wie Seerosenblätter und einem Antlitz wie der Mond! Wurzeln von *taṇḍulīya* und *rasaja* in gleichen Teilen (ergeben) dieses Arzneimittelpaar. Gemischt mit Reiswasser und Honig beseitigt es die Blutungsstörungen[4] der Frauen[5].

mūlaṃ gavākṣyāḥ smaramandirasthaṃ
puṣpāvarodhasya vadhaṃ karoti
abhartṛkāṇāṃ vyabhicāriṇīnāṃ
yogo 'yam eva drutagarbhapāte (3.39)

---

[1] Wörtl.: »der Rehäugigen«. [2] Wörtl.: »der Unruhigäugigen«. [3] Vermutlich Menorrhagien/Metrorrhagien. [4] Wörtl.: »Monatsblutungserguß« (*pradaradara*). [5] Wörtl.: »der Schönen«.

Die Wurzel von *gavākṣī*, plaziert im Tempel der Liebe[1], beseitigt die Hemmung der Menstruationsblutung. Dasselbe Mittel führt zur schnellen Fehlgeburt[2] bei unverheirateten und fremdgehenden (Frauen).

madhvājyayaṣṭīmadhuluṅgamūlaṃ
nipīya sūte sumukhī sukhena
sataṇḍulāmbhaḥsitadhānyakalka-
pānād vamir gacchati garbhiṇīnām (3.40)

Eine (schöne) Frau[3], die Honig, Ghee, *yaṣṭīmadhu* und *luṅga*-Wurzel getrunken hat, entbindet angenehm. Von dem Trinken der Paste aus Zucker und *dhānya,* zusammen mit Reiswasser, vergeht das Erbrechen der Schwangeren.

dhānyābdāmbudvayāralvamṛtaviṣabalāreṇuduḥsparśaśītaṃ
garbhiṇyāḥ sūtikāyā api rudhirarugāmātisārajvaraghnam
mustāśṛṅgīviṣāṇāṃ praśamayati rajaḥ sevitaṃ kṣaudrayuktaṃ
bālānāṃ vāntikāsajvaram ativiṣajaṃ kṣaudrayuktaṃ rajo vā
(3.41)

(Der Sud aus[4]) *dhānya, abda, ambudvaya, aralu, amṛta, viṣa,*[5] *balā, reṇu, duḥsparśa* und *śīta* besiegt bei Schwangeren und auch bei Entbundenen Blutungen, *āmātisāra* und Fieber.
Das Pulver von *mustā, śṛṅgī* und *viṣā,* mit Honig vermischt eingenommen, beruhigt Erbrechen, Husten und Fieber[6] der Kinder. Ebenso das Pulver von *ativiṣa,* gemischt mit Honig.

---

[1] D. h. in der Vagina. [2] Abortus artificialis. [3] Wörtl.: »Schöngesichtige«. [4] So laut Kommentar. [5] Hier vermutlich *metri causa* für *viṣā,* denn der Kommentar erklärt das Wort als *ativiṣā.* [6] Oder Fieber mit Husten und Erbrechen.

kumārātisāre kaṣāyaḥ samaṅgā-
madāśārivārodhrajaḥ kṣaudrayuktaḥ
madārodhrabilvābdamañjiṣṭhavālā-
kaṣāyo 'valeho 'tha vā kṣaudrayuktaḥ (3.42)

Bei dem Durchfall der Kinder (werden) der Sud von *samaṅgā, madā, śārivā* und *rodhra* gemischt mit Honig (oder) der Sud oder das Leckmittel gemischt mit Honig aus *madā, rodhra, bilva, abda, mañjiṣṭha* und *vālā* gemischt mit Honig (empfohlen).

kṛṣṇāruṇāmustakaśṛṅgikāṇāṃ
tulyena cūrṇena samākṣikena
jvarātisāraḥ praśamaṃ prayāti
saśvāsakāsaḥ savamiḥ śiśūnām (3.43)

Ein Pulver aus gleichen Teilen von *kṛṣṇā, aruṇā, mustaka* und *śṛṅgika* mit Honig beruhigt bei Kindern das Fieber mit Durchfall, das begleitet ist von Husten mit Luftnot und Erbrechen.

iti śrīdivākarasūnulolimbarājaviracite vaidyajīvane
vilāsinīrogapratīkāro nāma tṛtīyo vilāsaḥ

So (endet) der dritte Teil, genannt »Mittel für Frauenkrankheiten« im von Śrī Lolimbarāja, dem Sohn von Divākara, verfaßten *Vaidyajīvana.*

Vierter Teil – caturtho vilāsaḥ

vidvallalāmalolimbanṛpater vāgvilāsataḥ
tṛptir na jāyate svāmin punaḥ kiñcin nirūpaya (4.1)

Das Spiel der Komposition Lolimbarājas, der Zierde der Gelehrten, genügt mir noch nicht. Mein Gebieter, erkläre noch mehr!

kṣayotpattivināśāya siṃhāsyaḥ sevyatāṃ sadā
bahūnām asya viśvāso jātaḥ kamalalocane (4.2)

Lotusäugige! Beim Auftreten der Schwindsucht soll immer zu (deren) Beseitigung der *siṃhāsya*(-Sud) genommen werden (zweite Bedeutung: soll immer Narasiṃha verehrt werden), dem viele vertrauen.[1]

ayi sundari sundarānane
rucirāpāṅgataraṅgalocane
navanītamadhūpalāśanād
uḍurājasya bhavet kṣayakṣayaḥ (4.3)

O Schöne, mit einem schönen Gesicht (und) Augen mit wellenförmigen ansprechenden Augenwinkeln! Die Schwindsucht, (selbst) die des Königs der Sterne[2], schwindet vom Essen frischer Butter, Honig und Kandis.

ayi komalakuntalāvalī-
vilasanmālatikāmanohare
triphalājanitaḥ kaṣāyakaḥ
sahito guggulunā vraṇaṃ jayet (4.4)

O Reizende mit strahlendem Jasmin in den Strähnen zarter Haarlocken! Der Sud aus *triphalā* mit *guggulu* besiegt das Geschwür.

---

[1] Rudrabhaṭṭa merkt diese Doppelbedeutung an: *siṃhāsyo nṛsiṃhaḥ arthadvayavacī.* [2] Gemeint ist als poetische Übertreibung das Abnehmen des Mondes.

madanajvarakārināmadheye
rasike ratnakale prabhātakāle
śiśirāmbu piban madhuprayuktaṃ
gaṇanātho 'pi bhavet kilāsthiśeṣaḥ (4.5)

Leidenschaftliche Ratnakalā! Du, deren Name Liebesfieber erzeugt! Trinkt man am Morgen kaltes Wasser mit Honig, dann würde sogar Gaṇeśa[1] zum Skelett.[2]

trikaṭutriphalākaliṅganimba-
trivṛdugrākhadirodbhavaḥ kaṣāyaḥ
paśumūtrasamanvito nipītaḥ
kṛmikoṭīr api hanti hanta vegāt (4.6)

Der Sud von *trikaṭu, triphalā, kaliṅga, nimba, trivṛt, ugrā* und *khadira* zusammen mit Kuhurin getrunken, tötet geschwind Millionen von Würmern ab.[3]

jātīpravālatriphalāyavāsa-
dārvītriyāmāmṛtagostanīnām
kaṣāyakaḥ kṣaudrayuto nihanti
mukhasya pākaṃ mukhapaṅkajasthaḥ[4] (4.7)

Der Sud von jungem *jātī*, von *triphalā, yavāsa, dārvī, triyāmā, amṛta* und *gostanī* mit Honig, im Mundlotus (gehalten), beseitigt die Entzündung des Mundes.

sphuratsundarodāramandāradāma-
prakāmābhirāmastanadvandvamadhye[5]
haridrārajomākṣikābhyāṃ vimiśraḥ
śivāyāḥ kaṣāyaḥ pramehāpahārī (4.8)

---

[1] Hier ist der rundliche Gott Gaṇeśa mit Hängebauch (*lambodara*) gemeint. [2] Wörtl.: »wie einer, von dem nur die Knochen übrigbleiben«. Gemeint ist natürlich schlank wie ein »Skelett«. [3] *hanta* ist hier in der schlecht übersetzbaren schwächsten Bedeutung – nach Aptes Wörterbuch als Partikel »*asking attention*« – gebraucht, vor allem zur Realisierung einer Alliteration. [4] Alle Quellen außer der BORI-Ms. lesen *-paṅkajastham*. [5] *prakāmā-* ist die Lesung Saxenas, Pai hat *prakārā-*, bei Tripathi fehlt die Silbe. Das BORI-Ms. hat im Text *prakāmā-*, im Kommentar steht bei der Erklärung *prakāram atyartham*, was auf eine Fehllesung für *prakāmam* schließen läßt.

Du, deren Dekolleté so reizvoll ist wie[1] eine Girlande aus flirrenden, schönen, vorzüglichen Mandāra(-Blüten)! Der Sud von *śivā* vermischt mit dem Pulver von *haridrā* und Honig beseitigt die Harnkrankheit.

chinnāraso 'pi madhunā nānāmehanivāraṇaḥ
vadanti bhiṣajaḥ sarve śaradindunibhānane (4.9)

Du, mit einem Antlitz wie der Herbstmond! Alle Ärzte sagen: Auch der Saft von *chinnā*, mit Honig, beseitigt verschiedene Arten von Harnerkrankungen.

ratikelikalākuśale vilasad-
valaye malayena samānakuce
amṛtāvratatī ruvutailayutā
dalayed anilāsram udārataram (4.10)

Erfahrene in dem Spiel der Lust, mit glitzernden Armreifen (und) mit Brüsten wie das Malaya-Gebirge! Die Ranke der *amṛtā*[2] mit Rizinus-Öl beseitigt schwere *vātarakta*[3].

madhūtthāruṇāgopikādevadhūpaiḥ
śṛtaṃ vātaraktāpahaṃ piṇḍatailam
kaṣāyaḥ sahairaṇḍatailena pītas
tathairaṇḍasiṃhāsyavatsādanīnām (4.11)

piṇḍataila, gekocht aus Bienenwachs, *aruṇā*, *gopikā* und *devadhūpa*, vertreibt *vātarakta*. Ebenso der mit Rizinus-Öl getrunkene Sud aus *eraṇḍa*, *siṃhāsya* und *vatsādanī*.

---

[1] Oder: »mit« [2] Unklar ist, ob die reine Pflanze, ein gepreßter Saft oder ein Sud gemeint ist. [3] *anilāsra* hier i.S.v. *vātarakta*, »Wind-Blut«, hat u.a. Symptome wie bei Gicht.

laśunajīrakagandhakasaindhava-
trikaṭurāmaṭhacūrṇam idaṃ samam
sapadi nimburasena viṣūcikāṃ
harati bho ratibhogavicakṣaṇe (4.12)

Das Pulver aus gleichen Teilen von *laśuna, jīraka, gandhaka, saindhava, trikaṭu* und *rāmaṭha* gemischt mit Zitronensaft nimmt sofort den Brechdurchfall[1]. O Du, im Liebesgenuss Erfahrene!

ruglājābdavaṭaprarohamadhukair madhvanvitaiḥ kalpitā-
py ugrām āśu tṛṣaṃ bhṛśaṃ praśamayed āsyāntarasthā vaṭī
elālājalavaṅganāgacapalāśrīkolamajjāmbuda-
śrīkhaṇḍaṃ madhukhaṇḍayuk praśamayed vāntiṃ tridoṣod-
bhavām (4.13)

Die Pille, gemacht aus *ruj, lāja, abda, vaṭa*-Sprossen und *madhuka*, zusammen mit Honig, im Mund gehalten, beruhigt besonders schnell sogar heftigen Durst. *elā, lāja, lavaṅga, nāga, capalā, śrī*, Pflanzenmark aus *kola, ambuda* und *śrīkhaṇḍa* gemischt mit Honig und Kandis beruhigt das (aus einer Störung der) drei Körpersäfte entstandene Erbrechen.

ramāramyākāre caturavacane cārucikure
vimūlyālaṃkāre karatalalasannīlanaline
nidāghaḥ saṃjātas tava kim u sarojanmakadalī-
dalaiḥ kḷpte talpe svapihi laghu sāhityanipuṇe (4.14)

Dein Aussehen ist anmutig wie das der Ramā (= Lakṣmī), Du bist geschickt in der Rede, mit schönem Haar, edel geschmückt, eine leuchtend blaue Seerose in der Hand haltend! Setzt Dir die Hitze[2] zu? Dann, Du Dichtungskundige, schlafe ein wenig auf einem aus Lotus- und Bananenblättern bereiteten Lager.

[1] Es handelt sich möglicherweise hier um Cholera. [2] Nach Saxena hier im medizinischen Sinne als Hitzschlag zu verstehen.

rasadvijīradviniśāmarīca-
sindūradaityendramanaḥśilānām
cūrṇīkṛtānāṃ ghṛtamiśritānāṃ
tribhiḥ pralepair apayāti pāmā (4.15)

Von der dreimaligen (Anwendung) der Salben aus dem pulverisierten *rasa, dvijīra, dviniśā, marīca, sindūra, daityendra* und *manaḥśilā*, vermischt mit Ghee, verschwindet der Ausschlag.[1]

pathyātilāruṣkarakaiḥ samāṃśair
guḍena yuktaiḥ saha modakaḥ syāt
durnāmapāṇḍujvarakuṣṭhakāsa-
śvāsaṃ jayet plīharujaṃ ca tadvat (4.16)

Eine[2] süße Pille[3] aus gleichen Teilen von *pathyā, tila* und *āruṣkara(ka)* gemischt mit Zucker besiegt Hämorrhoiden, Blässe, Fieber, Ausschlag, Husten, Luftnot und auch Beschwerden der Milz[4].

madanasaindhavaguggulugairikā-
jyamadhuvālakapaṅkavilepanāt
sphuṭitam apy akhilaṃ caraṇadvayaṃ
vikacatāmarasapratimaṃ bhavet (4.17)

Sogar vollständig aufgesprungene Füße werden durch das Bestreichen mit der Paste aus *madana, saindhava, guggulu, gairikā*, Ghee, Honig und *vālaka* (so glatt) wie eröffnete Lotus(-blüten).

---

[1] *pāmā* ist nicht genau bestimmbar. Die Wörterbücher geben Ekzem, Krätze, Flechten usw. [2] Wörtl.: »Es sei eine [...]«. [3] Zu *modaka* siehe Jolly 1901, S. 29. [4] *plīhodara* »Milzbauch« mit immenser Milzvergößerung, vgl. Jolly 1901, S. 80.

bhallātakāsīsahutāśadanti-
mūlair guḍasnugravidugdhadigdhaiḥ
lepocitair gacchati gaṇḍamālā
samīravegād iva meghamālā (4.18)

Mit *bhallāta, kāsīsa, hutāśa* und *danti*(-Wurzel)[1], verrieben mit Zucker und der Milch von *snuh* und *ravi* zu einer Paste[2], vergeht die »Kette« der angeschwollenen Halslymphknoten[3] wie eine Wolkenkette durch einen Windstoß.

bhūnimbanimbatriphalāpaṭola-
vāsāmṛtāparpaṭabhṛṅgarājaiḥ
kvātho haret kṣaudrayuto 'mlapittaṃ
cittaṃ yathā vāravadhūkaṭākṣaḥ (4.19)

Der Sud aus *bhūnimba, nimba, triphalā, paṭola, vāsā, amṛtā, parpaṭa* und *bhṛṅgarāja* gemischt mit Honig nimmt das Sodbrennen[4], so wie ein flüchtiger Blick einer Kurtisane die Vernunft (raubt).

hiṅgukṣāradvayasaindhavasauvarcalaviḍapippalīgranthika-
citrakacavyamarīcakarcūrakustumbarībarbarītittiḍīka-
ṣaḍgranthājamodāmlavetasapuṣkaramūlanāgarakarañja-
jīrakaharītakīvṛkīhapuṣābhiḥ viracitaṃ cūrṇam idam
aśmarīhṛdayagalarogavibandhādhmānahikkāvardhma-
gudajagulmasakalaśūlaplīhapāṇḍuśvasanakasanadahana-
sadanavadanavirasatāviratаye samarthataram (4.20)[5]

Das Pulver, gemacht aus *hiṅgu, kṣāradvaya, saindhava, sauvarcala, viḍa, pippalī, granthika, citraka, cavya, marīca, karcūra, kaustumbarī, barbarī,*[6] *tittiḍīka, ṣaḍgrantha, ajamodā, amlavetasa, puṣkara*-Wurzel, *nāgara,*

[1] Tripathi, Saxena und die Umschrift in Pai liest *dantīmūla*. [2] Wörtl.: »passend für eine Paste«. [3] *gaṇḍamālā*: »scrophulöse Anschwellung der Drüsen des Halses und Nackens« (pw). [4] *amlapitta* »saure Galle/Sodbrennen«. [5] Das Metrum der Passage ist nicht feststellbar, nach dem Kommentar handelt es sich um *daṇḍaka*. [6] Die Lesung *barbarī* (Tripathi) ist unsicher, denn ein Teil der Überlieferung (Pai, Rudrabhaṭṭa) liest *kabarī*. Pai vermutet, die beiden seien identisch, Rudrabhaṭṭa erklärt *kavarī* sei *ajagandhī*.

karañja, jīraka, harītakī, vṛkī und *hapuṣā* ist besonders gut, Harnstein(-leiden), Herz(-beschwerden), Kehlkopferkrankungen, Verstopfung, Aufblähen (des Bauches), Hicksen, Bauchbrüche, Hämorrhoiden, Unterbauchtumore, sämtliche Schmerzen, Milzkrankheiten, Blässe, Luftnot, Husten, das Erschlaffen der Verdauung und unangenehmen Geschmack im Mund zu beenden.

gomūtreṇa kṛtaḥ kaliṅgakaṭukāpāṭhāvṛṣābdāmara-
kvāthaḥ kṣaudrayuto nihanti sakalān kaṇṭhāmayān utkaṭān
pāṭhātejavatīrasāñjanayavakṣāropakulyāniśā-
devānāṃ madhunā kṛtā mukhadhṛtā tadvad vaṭī vartate (4.21)

Der Sud aus *kaliṅga, kaṭukā, pāṭhā, vṛṣa, abda* und *amara*, mit Kuhurin hergestellt, zusammen mit Honig, besiegt alle heftigen Halsbeschwerden. Eine in den Mund gelegte Tablette, gemacht aus *pāṭhā, tejavatī, rasāñjana, yavakṣāra, upakulyā, niśā* und *deva*, mit Honig, wirkt genauso.

prāṇeśvara priyatame vada kiṃ vadāmi
tat kānta yat kim u mṛgākṣi yad agnikāri
samyak śṛṇu praṇayini praṇayiñ śṛṇomi
khādet sa nimburasasaindhavaśṛṅgiberam (4.22)

Ratnakalā: Gebieter meines Lebens!
Lolimbarāja: Liebste!
Ratnakalā: Sag –
Lolimbarāja: Was soll ich (denn) sagen?
Ratnakalā: – was (ist es), Geliebter, das –
Lolimbarāja: Was, o Rehäugige, (soll sein)?
Ratnakalā: – das Feuer (der Verdauung) steigert?
Lolimbarāja: Hör gut zu, Geliebte!
Ratnakalā: Geliebter, ich höre!
Lolimbarāja: Man kaue Zitronensaft, *saindhava* und *śṛṅgibera*.

hiṅguvyoṣājamodādvijaraṇalavaṇaṃ prāg bhajet sājyabhuktaṃ
kuryāj jājvalyamānaṃ jvalanam anilajaṃ gulmam etan nihanti
vṛkṣāmlāmlāgnipathyātrikaṭupaṭuviḍaṃ jantujij jīrayugmaṃ
dīpyau[1] *sauvarcalaṃ cācalam api sakalaṃ bhasmasāccarkarīti*
(4.23)

hiṅgu, vyoṣā, ajamodā, dvijaraṇa und *lavaṇa* mit Ghee soll vor (der Mahlzeit) genossen werden.[2] Es facht das Verdauungsfeuer stark an und vernichtet den auf einer *vāta*-Störung beruhenden (Unterbauch-)Tumor. *vṛkṣāmla, amla, agni, pathyā, trikaṭu, paṭu, viḍa, jantujit,* die beiden *jīras* (*jīrayugma*), die beiden *dīpyas* und *sauvarcala* verbrennt (d. h. verdaut) alles vollständig, sogar einen Berg.

śuṇṭhī bāṇamitā kaṇārṇavamitā dīpyād yavānyāḥ[3] *kramād*
bhāgānāṃ tritayaṃ dvayaṃ ca lavaṇād bhāgaḥ śivaitatsamā
koṣṭhāṭoparugāmagulmamalahṛl lolimbarājoditaś
cūrṇo 'drīn api bhasmasāt prakurute kiṃ bhojanaṃ bho janāḥ
(4.24)

Leute! Das von Lolimbarāja beschriebene Pulver aus fünf Teilen *śuṇṭhī*, vier Teilen *kaṇā*, drei Teilen *dīpya* und zwei Teilen *yavānī*, einem Teil *lavaṇa* und genausovielen (15) Teilen von *śivā* nimmt die Übel der geblähten Eingeweide, Verdauungsstörungen und Unterbauchtumore weg. Es verdaut sogar Berge.[4] Wieviel mehr erst die Speisen?

śigrudīpyavaruṇādviyāminī-
kuñjarāśanakṛtaḥ kaṣāyakaḥ
bolacūrṇasahito 'ntar utthitaṃ
vidradhiṃ vidalayed asaṃśayam (4.25)

Der Sud aus *śigru, dīpya, varuṇā, dviyāminī* und *kuñjarāśana* mit dem Pulver aus *bola* spaltet zweifellos den innen entstandenen Abszess.

---

[1] *dīpyau* Pai, Tripathi; *dīpyo* Saxena. [2] Die grammatische Konstruktion (*bhajet … -bhuktaṃ … kuryāj*) ist undurchsichtig. [3] *dīpyād yavānyāḥ* BORI; *dīpyāyavānyoḥ* Tripathi, Pai, Saxena. [4] Wörtl.: »äschert ein, verbrennt«.

kamalakuḍmalakalpapayodhara-[1]
dvayasamāhitahāramanohare
hṛdayarukṣu hitaṃ ghṛtam arjuna-
svarasakalkasusādhitam aṅgane (4.26)

Mit Deiner Halskette, die sich an lotusknospengleichen Brüste schmiegt, bist Du bezaubernd! (Schöne) Frau! Bei Herzbeschwerden ist Ghee mit der Paste aus dem Preßsaft von *arjuna* gut geeignet.

so 'yaṃ sugandhimukulo bakulo vibhāti
vṛkṣāgraṇīḥ priyatame madanaikabandhuḥ
yasya tvacaiva ciracarvitayā nitāntaṃ
dantā bhavanti capalā api vajratulyāḥ (4.27)

Liebste! Es ist der *bakula*-Baum, der mit wohlriechenden Knopsen erstrahlt, der Anführer der Bäume, der eine Freund des Madana (Liebesgottes)[2] – allein vom langen Kauen seiner Rinde werden sogar lockere Zähne gewiß Diamanten gleich.

bhindanti ke kuñjarakumbhapāliṃ
kim avyayaṃ vakti rate navoḍhā
sambodhanaṃ nuḥ kim u raktapittaṃ
nihanti vāmoru vada tvam eva (4.28)

(1) Welche durchbohren die Seite der Stirnhöcker von Elephanten?
(2) Welches kurze Wort[3] sagt die neuvermählte Frau im Liebesspiel?
(3) Was ist der Vokativ von *nṛ*?
Was also beseitigt die Blutung?[4] Du, mit den schönen Schenkeln! Sag' Du es mir![5] (Antwort: *siṃhānanaḥ*)

---

[1] *kalpa* BORI, Saxena, Tripathi; *tulya* Pai. [2] Laut Kommentar, da er das Liebesverlangen verstärkt. [3] Wörtl.: »welche Partikel« (*avyaya*). [4] *raktapitta* i.S.v. »Blutungen«. Diese werden auf *pitta*-Störungen zurückgeführt, siehe Jolly 1901, S. 87. [5] Rätsel (ohne enthaltene Lösung): Antwort 1: Löwen *siṃhā(ḥ)*. Antwort 2: nein *na*. Antwort 3: Vokativ von *nṛ* *naḥ*. Lösung: *siṃhā-na-naḥ* »Löwenmaul« (*Gendarussa vulgaris*).

viśvāśivākaṇācūrṇaḥ sasitaḥ samadhuḥ smṛtaḥ
nasyavad viśvaguḍayor hikkādhikkārakārakaḥ (4.29)

Er wird gelehrt, daß das Pulver von *viśvā, śivā* und *kaṇā* mit Zucker[1] wie geschnupftes[2] *viśva* mit Zucker den Schluckauf vertreibt.

durālabhākaṣāyasya ghṛtayuktasya sevanāt
bhramaḥ śāmyati govindasmaraṇād iva pātakam[3] (4.30)

Von dem Gebrauch des Sudes von *durālabhā* mit Ghee wird der Schwindel nachlassen, so wie vom Gedenken an Govinda (Kṛṣṇa) die schweren Vergehen erlöschen.

ayi ratnakale kuru mā kalahaṃ
kalahaṃsakalatrasamānagate[4]
śṛṇu madvacanaṃ vada vaidyamaṇe
madirā madirākṣi śucaṃ śamayet (4.31)

Lolimbarāja: Liebe Ratnakalā, streite nicht! Dein Gang gleicht dem eines Flamingo-Weibchens! Höre meine Worte!
Ratnakalā: Sprich, Juwel der Ärzte!
Lolimbarāja: Du, mit berauschenden Augen! Kummer vergeht durch Wein.

punarnavānāgaradārupathyā-
bhallātakacchinnaruhākaṣāyaḥ
daśāṅghriyuktaḥ paripeya ūru-
stambhe 'tha vā mūtrapuraprayogaḥ (4.32)

Bei Bein- (oder Hüft-)Steifheit soll der Sud aus *punarnavā, nāgara, dāru, pathyā, bhallātaka* und *chinnaruhā* gemischt mit *daśāṅghri* getrunken werden, oder die Anwendung von (Kuh-)Urin und *pura.*

---

[1] *dhikkāra* bedeutet hier laut Rudrabhaṭṭa *dūrīkaraṇa.* [2] Oder: »in die Nase eingebrachtes, inhaliertes«. [3] Pāda d nach Tripathi, Saxena und BORI-Ms.: *-caraṇasmaraṇād iva.* [4] *samāna* Pai, BORI; *salīla* Saxena, Tripathi.

sakṣaudraṃ kuśakāśagokṣuraśivāśamyākapāṣāṇabhid-
duḥsparśaṃ parisevitaṃ pariharet sadyo 'śmarīṃ dustarām
elāparvatabhicchilājatukaṇācūrṇaṃ guḍenānvitaṃ
pītaṃ taṇḍuladhāvanodakayutaṃ syān mūtrakṛcchrāpaham
(4.33)

Die Anwendung (des Suds) von *kuśa, kāśa, gokṣura, śivā, śamyāka, pāṣāṇabhid* und *duḥsparśa* mit Honig beseitigt sofort den schwer zu überwindenden Blasenstein. Das Pulver von *elā, parvatabhid, śilājatu* und *kaṇā,* mit Zucker und Reiswaschwasser getrunken, nimmt die Harnbeschwerden[1].

vāsailāmadhukāśmabhedacapalākauntīkṣurairaṇḍajaḥ
kvāthaḥ sāśmajatur jayaty atitarāṃ kṛcchrāśmarīṃ śarkarām
kṛcchre dāharujāṃ vibandhasahite kvātho 'śmabhidgokṣurā-
nantāragvadhacetakīviracito madhvanvitaḥ śasyate (4.34)

Der Sud von *vāsa, elā, madhuka, aśmabheda, capalā, kauntī, ikṣura, eraṇḍa* mit *aśmajatu* besiegt Blasengries (in Form eines) überaus beschwerlichen Blasensteins[2]. Bei Beschwerden von (Harn-)Brennen, begleitet von Einengung[3], wird der Sud aus *aśmabhid, gokṣura, anantā, āragvadha* und *cetakī,* gemischt mit Honig, empfohlen.

nyagrodhāṅkurakuṣṭhalodhravikasāśyāmāmasūrāruṇā-
śrīkhaṇḍaiḥ payasānvitair viracitaṃ vyaṅgaghnam udvartanam
liptaṃ saptadinaṃ masūrarajasā sarpiḥpayaḥśālinā
vaktraṃ śāradacandrasundarataraṃ vyaṅgasya bhaṅgād bhavet
(4.35)

Die Salbe, gemacht aus Sprossen des *nyagrodha,* aus *kuṣṭha, lodhra, vikasā, śyāmā, masūra, aruṇā* und *śrīkhaṇḍa* mit Milch, entfernt *vyaṅga*[4]. Das Gesicht, eingerieben für sieben Tage mit *masūra*-Mehl in Ghee und Milch, wird durch die Zerstörung der *vyaṅga* schöner als der Herbstmond.

---

[1] Vermutlich Beschwerden beim Wasserlassen/Dysurie. [2] Oder »den überaus beschwerlichen Blasenstein (und) Blasengries«. [3] Beschwerden bei Einengung der Harnwege. [4] *vyaṅgaroga* »schwarze Flecken auf dem Gesicht«, siehe JOLLY 1901, S. 96.

iṅgudyāḥ phalamajjako jalayuto lepān[1] *mukhe kāntido*
rodhrogrādhanikā nihanti piṭakāṃs tāruṇyajāṃl lepanāt
hāryaṃ raktam aruṃṣikārujī[2] *hito mūtreṇa lepo 'tha vā*
piṇyākasya purātanasya śakṛtaḥ pādāyudhasya dhruvam (4.36)

Das Fruchtmark der *iṅgudī*, mit Wasser auf das Gesicht eingerieben, verschönert.[3] Das Eincremen mit *rodhra, ugrā* und *dhanikā* beseitigt in der Jugend entstandene Beulen. Bei Kopfgrind ist eine Blutentnahme günstig[4], ebenfalls zuverlässig ist die Einreibung (mittels) eines alten Ölkuchens[5] mit (Kuh-)Urin oder von Mist eines Hahnes.

tailaṃ śopham apāram apy apahared vṛścīrarāsnāmahā-
bhaiṣajyāmaraśuṣkamūlakayutaṃ bimbīrase sādhitam
tadvad viśvakirātatiktam atha vā pāṭhāniśādhāvanī-
mustājīrakapañcakolakarajaḥ saṃmiśram uṣṇāmbunā (4.37)

Sesamöl mit (der Paste aus) *vṛścīra, rāsnā, mahābhaiṣajya, amara* und *śuṣkamūlaka*, im Saft der *bimbī* fertiggestellt, entfernt sogar eine generalisierte Schwellung. Ebenso (hilft eine Paste aus) *viśva* und *kirātatikta* oder *pāṭhā, niśā, dhāvanī, mustā, jīraka* und *pañcakola*-Pulver gemischt mit heißem Wasser.

ugrāpāṭhāpaṭolauṣadharuvukajaṭāśigrudadrughnakuṣṭhair
dhānyāmlena prapiṣṭaiḥ praśamayati mahāmūrdharogān aśeṣān
patraṃ pakvaṃ ghṛtāktaṃ ravibhavam anale tāpitaṃ pīḍayet tat
toyaṃ karṇe niṣiktaṃ dalayati sakalaṃ karṇaśūlaṃ samūlam
(4.38)

ugrā, pāṭhā, paṭola, auṣadha, ruvuka, jaṭā, śigru, dadrughna und *kuṣṭha*, zerrieben mit saurem Reisschleim,[6] beruhigt alle schweren Kopferkrankungen. Ein reifes, mit Ghee bestrichenes *arka*-Blatt, im Feuer erhitzt, soll gepresst werden. Die (erhaltene) Flüssigkeit, in das Ohr geträufelt, vertreibt alle Arten von Ohrschmerzen mitsamt der Ursache.

---

[1] *lepān* BORI-Ms.; *lepo* Tripathi; *limpan* Pai. [2] *aruṃṣikāruji* Tripathi; *arūṣikāruji* BORI-Ms.
[3] Nach Rudrabhaṭṭa: »da es Flecken entfernt«. [4] Rudrabhaṭṭa ergänzt: »durch Blutegel«.
[5] Preßrückstände. [6] *dhānyāmla* ist laut Rudrabhaṭṭa *kāñjikā*.

ghṛtatīkṣṇayutaḥ surasāsvaraso
laghurājamṛgāṅka iti prathitaḥ
apahanty anilān sabalān bahulān
nijabhaktaripūn iva cakradharaḥ (4.39)

Der Saft von *surasā* mit Ghee und *tīkṣṇa*, bekannt als *laghurājamṛgāṅka*, vernichtet viele schwere *vāta*-Störungen, so wie der Diskusträger (Viṣṇu) die Feinde seiner Verehrer.

cūrṇāḥ kaṣāyā guṭikā ghṛtāni
tailāni bhāgena ca yojitāni[1]
vilāsināṃ vātavināśanāya
vilāsinīnāṃ parirambhaṇāni (4.40)

Für die Entfernung der *vāta*-Störung werden Pulver, Aufgüsse, Tabletten, Ghee(-Zubereitungen) und Öle angewandt, bei verliebten Männern (genügen) zum Teil die Umarmungen der geliebten Frauen.

amṛtam amṛtajaṃ sitāsametaṃ
guṇavati pittam apākaroti sadyaḥ
taruṇa iva nitambinīnitambā-
mbaram atanujvarajarjarīkṛtāṅgaḥ (4.41)

Du Tugendhafte! Ein Nektar aus *amṛta*, gemischt mit Zucker, nimmt sofort *pitta*-Beschwerden, so wie ein junger Mann, dessen Körper das Fieber des Liebesgottes zusetzt, das Hüftkleid einer Schönhüftigen (wegnimmt).

kaphād bhavati bho bhīru chinnākvātho madhūdaraḥ
asyārtho labhyate naiva tanvaṅgi tava madhyavat (4.42)

Schüchterne! Der Sud von *chinnā*, mit Honig, verzehrt *kapha*-Störungen. Schlanke! Der Sinn hiervon[2] wird zunächst nicht erkannt, genausowenig wie Deine (extrem schmale) Taille.

---

[1] *ca yojitāni* Saxena Tripathi; *viyojitāni* BORI Pai. [2] *kaphād* ist hier nicht Ablativ, sondern als *kapha-ad* (*kapha*-Esser) zu deuten.

iti lolimbarājaviracite vaidyajīvane
rājayakṣmādirogapratīkāro nāma caturtho vilāsaḥ

So (endet) der vierte Teil, genannt »Mittel für Schwindsucht und weitere Erkrankungen«
im von Śrī Lolimbarāja, dem Sohn von Divākara,
verfaßten *Vaidyajīvana.*

Fünfter Teil – pañcamo vilāsaḥ

tāmbūlaṃ madhu kusumasrajo vicitrāḥ
kāntāraṃ sutaruvanaṃ[1] *vilāsavatyaḥ*
gītāni śravaṇaharāṇi miṣṭam annaṃ
klībānām api janayanti pañcabāṇam (5.1)

Betel, Wein, bunte Blumengirlanden, (ein) Wald, ein Hain mit schönen Bäumen, ausgelassene Frauen, herzergreifender Gesang[2] (und) leckere Speisen[3] erzeugen sogar bei Eunuchen Liebesverlangen.

sahitaṃ[4] *ghṛtena madhunā madhukaṃ*
pariṣecitaṃ[5] *pibati yo 'nu payaḥ*
navasubhruvāṃ sukhakaraḥ sa pumān[6]
bahuvīryapūraparipūrṇatanuḥ[7] (5.2)

Wenn man *madhuka,* eingeweicht in Ghee und Honig, mit Milch trinkt, wird man den jungen Frauen[8] Freude bereiten und fortwährend eine Überfülle großer Männlichkeit[9] haben.

amṛtāmalakatrikaṇṭakānāṃ
haviṣā śarkarayā niṣevaṇena
ajarā amarā apāravīryā
alakeśā aditeḥ sutā abhūvan[10] (5.3)

Durch die (regelmäßige) Einnahme von *amṛta, āmalaka* und *trikaṇṭaka* mit Ghee und Zucker (werden sie) zu alterslosen Unsterblichen[11] mit unermesslichen Manneskräften, wie es die Herren von Alakā[12], die Söhne der Aditi, wurden.

---

[1] *sutaruvanam* Pai (Ms. IV), BORI; *surataru navā* Tripathi; *surataru vā* Saxena. [2] Wörtl.: »Lieder, die das Hören ergreifen«. [3] Oder: Süßigkeiten. [4] *sahitaṃ* Tripathi, Saxena; *sahitena* Pai; *sahite* BORI. [5] *pariṣecitaṃ* Saxena; *parisecitaṃ* Pai; *pariṣevite* BORI; *parisevitaṃ* Tripathi. [6] *sa pumān* Tripathi; *satataṃ* Saxena Pai. [7] *bahu* Tripathi Pai; *sa hi* Saxena. *vīrya* Tripathi, Saxena, Pai; *bīja* BORI. [8] Wörtl.: »den jungen (Frauen) mit schönen Augenbrauen«. [9] Rudrabhaṭṭa klärt im Kommentar, daß *vīrya* bzw. *bīja* hier konkret als *śukra* (Sperma) zu verstehen sei. [10] *abhūvan* Pai, BORI; *babhūvuḥ* Tripathi, Saxena; *babhūvan* Pai (Ms. II, IV); *babhūva* Pai (Ms. III). [11] I.S.v. »Göttern«. [12] Der Stadt von Kubera, dem Gott des Wohlstands.

uccaṭāmarkaṭīgokṣuraiś cūrṇitaiḥ
śarkarādugdhasaṃmiśritaiḥ pācitaiḥ
sevitair vārddhake mānavo māninī-
mānam ucchedayet kiṃ punar yauvane (5.4)

uccaṭā, markaṭī und *gokṣura,* gemahlen, mit Zucker und Milch gemischt, gekocht und genossen, läßt den Mann im Alter die Arroganz der stolzen Frauen zerbrechen. Wieviel mehr in der Jugend?

bhuktvoccaṭāṃ kṣīrayutāṃ vilāsī
bhuṅkte śataṃ sundari sundarīṇām
tvaṃ tāvad ekāsi mayā tu sādya
bhuktā ratau paśya kutūhalaṃ me (5.5)

Ein Liebender, der *uccaṭā* mit Milch einnimmt, (kann) hundert schöne Frauen genießen. Schöne! Du bist aber allein und ich habe nun davon genommen. Du wirst meine Begierde nach Liebeslust sehen!

cūrṇaṃ ghṛtakṣaudrayutaṃ rasaiḥ svair
vibhāvitāyā bahudhā vidāryāḥ
niṣevyamāno 'nudinaṃ vilāsī
daśāṅganābhiḥ saha raṃramīti (5.6)

Der Liebhaber, der täglich das Pulver aus mehrmals mit den eigenen Säften behandelter *vidāri,* mit Ghee und Honig, einnimmt, vergnügt sich intensiv mit zehn Frauen.

sahitaṃ ghṛtadugdhābhyāṃ vidāriprabhavaṃ rajaḥ
udumbaramitaṃ bhuktvā vṛddho 'pi taruṇāyate (5.7)

Durch das Einnehmen des Pulvers aus *vidāri,* mit Ghee und Milch, bemessen nach einer *udumbara*[1], wird sogar ein alter Mensch (wieder) jung.

saubhāgyapuṣṭibalaśukravivardhanāni
kiṃ santi no bhuvi bahūni rasāyanāni
kandarpavardhini paraṃ tu sitājyayuktād
dugdhād ṛte mama na ko 'pi mataḥ prayogaḥ (5.8)

[1] Das Gewicht der Frucht des *Ficus racemosa.*

Gibt es nicht viele Elixiere auf der Erde, die Wohlfahrt, Gedeihen, Kraft und Virilität[1] steigern? Du, die (meine) Lust steigert! Doch ich akzeptiere kein Mittel außer Milch mit Ghee und Zucker.

adhunā brūmahe sadyaś camatkārakarān rasān
yato na nīrasā bhāti kavitākulakāminī (5.9)

Nun besprechen wir erstaunliche (*camatkārakara*) Elixiere (*rasa*) bzw. poetische Stimmungen (*rasa*), die ästhetischen Genuß verschaffen (*camatkārakara*), denn die Frau aus einer Dichterfamilie strahlt nicht ohne ihre Reize (*rasa*).[2]

pathyākaṇārkaviṣatindukadantibīja-
tiktātrivṛdrasabalīn sadṛśān vimardya
dhūrtāmbunā sakalavāsaram eṣa sūtaḥ
syād viśvatāpaharaṇo 'bhinavajvaraghnaḥ (5.10)

Gleiche Mengen von *pathyā, kaṇa, arka, viṣatinduka,* Saat von *danti, tiktā, trivṛt, rasa* und *bali,* zerrieben (und) mit dem Saft von *dhūrta* einen ganzen Tag gepreßt, ergeben das *viśvatāpaharaṇa*[3], das frisches Fieber beseitigt.

śulbaṃ gandhakaṭaṅkaṇau ca garalaṃ tutthaṃ rasaṃ kharparaṃ
tālaṃ tulyam idaṃ vimardya ghaṭikāmātraṃ suṣevyārasaiḥ
sūtaḥ syāt tripurāriṇā viracitaḥ śītārir itthaṃ smṛto
guñjājājisitāyutaḥ praśamayed ekāhikādīn jvarān (5.11)

Gleiche Teile von *śulba, gandhaka, ṭaṅkaṇa, garala, tuttha, rasa, kharpara* und *tāla* sollen über eine *ghaṭikā*[4] mit *suṣevyā*-Saft zerrieben werden. Der Preßsaft, vom Feind der Stadt *tripura* (Śiva) gemacht, ist als *śītāri*[5] bekannt. Mit *guñjā, ajāji* und Zucker beruhigt es das täglich wiederkehrende und andere Fieber.

---

[1] Oder »Sperma«. [2] Der poetische Reiz der Strophe liegt in der Verwendung des Wortes *rasa* in mehreren Bedeutungen. [3] Wörtl.: »der Alle-Hitze-Nehmer«. [4] Eine *ghaṭikā* entspricht 24 Minuten. [5] Wörtl.: »Feind der Kälte«.

marīcabalihiṅgulair garalapippalīṭaṅkaṇaiḥ
suvarṇabhavabījakaiḥ samalavair dinārdhāvadhi
jayāsvarasamarditaiḥ kanakasundaraḥ sundari
smṛto grahaṇikājvarātisṛtivahnimāndyāpahaḥ (5.12)

Hübsche! (Die Mixtur) aus gleichen Teilen von *marīca, bali, hiṅgula, garala, pippalī* und *ṭaṅkaṇa*, und den Samen von *suvarṇa*[1] für einen halben Tag mit dem Saft von *jayā* zerrieben (ist als) *kanakasundara* bekannt, der *grahaṇikā*, Fieber und Durchfall und schwache Verdauung[2] beseitigt.

lohābhrārkarasaṃ samaṃ dviguṇitaṃ gandhaṃ pacet kolikā-
kāṣṭhāgnau mṛdule nidhāya sakalaṃ lohasya pātre bhiṣak
sarvaṃ gomayamaṇḍale vinihitaṃ rambhādale vinyaset
tasyordhvaṃ kadalīdalaṃ drutataraṃ vaidyeśvaro nikṣipet (5.13)
syāt pañcāmṛtaparpaṭī grahaṇikāyakṣmātisārajvara-
strīrukpāṇḍugarāmlapittagudajakṣunmāndyavidhvaṃsinī[3]

Der Arzt soll gleiche Teile von Eisen, Talkum und Kupfer[4] und zwei Teile Schwefel in einem Eisenkessel über einem schwachen Feuer aus *kolikā*-Holz kochen. Der Herr der Ärzte sollte alles in einem Kuhdung-Kreis auf ein ausgelegtes Bananenblatt verteilen und dann so schnell wie möglich mit einem Bananenblatt bedecken. (Diese) *pañcāmṛtaparpaṭī*, vernichtet *grahaṇikā*, Schwindsucht, Durchfall, Fieber, Frauenkrankheiten, Blässe, Vergiftung, saure Galle, Hämorrhoiden und Appetitlosigkeit.

grahaṇyām anupānaṃ ca hiṅgusaindhavajīrakam
jīrakaṃ pāṇḍugarayor itareṣu svayuktitaḥ (5.14)

Bei der *grahaṇī* (ist) der Nachtrunk[5] von *hiṅgu, saindhava* und *jīraka* (nützlich), der (Nachtrunk von) *jīraka* bei Blässe und *gara*-Vergiftungen, in anderen Fällen nach eigenem Ermessen.

---

[1] Wörtl.: »den aus *suvarṇa* stammenden Samen«. [2] Wörtl.: »Schwäche des (Verdauungs-)Feuers.« [3] Alle Quellen außer der Edition von Tripathi lesen die beiden unmetrischen Zeilen, ohne die aber der Satz unvollständig erscheint. [4] Jeweils der *rasa* dieser Substanz, i.S.v. *bhasman*, also dem Produkt der »Calcination«. Siehe JOLLY 1901, S. 29f. [5] Gemeint ist: »das Trinken nach dem Essen« (pw).

vacāviśvājīroṣaṇagaralabāhlīkadahana-
tvacāṃ kāryā vaṭyaś caṇakatulitā mārkavarasaiḥ
yathā bhānor bhāsas timiranikaraṃ bhāmini tathā[1]
haranty etāḥ śūlāny anilam analaglānim api ca (5.15)

Aus *vacā, viśvā, jīra, ūṣaṇa, garala, bāhlīka, dahana* und *tvac* mit *mārkava*-Säften hergestellte[2] Pillen, ein *caṇaka*[3] wiegend, nehmen Schmerzen, *vāta*-Störung und auch die Verdauungsschwäche[4], so wie die Strahlen der Sonne, schöne Frau, die Dunkelheit wegnehmen.[5]

sāmānabhāge baliśūlibīje
tayoḥ samānaṃ kanakasya bījaṃ
dhattūratailena vimardya samyag
vilāsinīvallabhanāmadheyaḥ (5.16)

sūto bhaved vallayugapramāṇaḥ
sitāyuto mehasamūhahārī
vīryasya bandhaṃ kurute narāṇāṃ
nihanti darpaṃ ca sulocanānām (5.17)

Gleiche Teile von *bali* und *śūlibīja* mit ebensoviel *kanaka*-Samen, in *dhattūra*-Öl gut zerrieben, (ergeben das Mittel) namens *vilāsinīvallabha*. Zwei *vallas*[6] (dieses) Elixiers mit Zucker beseitigt vermehrten Urinfluß, bindet die Manneskraft[7] und zerschlägt die Arroganz der Frauen.

---

[1] *bhāmini tathā* BORI, *yāminibhavaṃ* Pai, Saxena, *yāmini bhavaṃ* Tripathi. [2] Wörtl. »herzustellende«. [3] Gewichtsmaß. [4] Wörtl.: »Schwäche des (Verdauungs-)Feuers«. [5] Die englischen Übersetzer scheinen *yāminībhavaṃ* zu verstehen: »caused by emergence of night« (Saxena), »nocturnal« (Pai), nur Tripathi ist sich im klaren, daß dies unmetrisch wäre und druckt *yāmini bhavaṃ*. [6] Zwei *valla* entspricht nach SAXENA, S. 91, ca. 750 mg. [7] Vermutlich: »verzögert die Ejakulation«.

śūle hiṅgu ghṛtānvitaṃ madhuyutā kṛṣṇā purāṇajvare
vāte sājyarasonakaḥ śvasanake kṣaudrānvitaṃ tryūṣaṇam
śīte vyālalatādalaṃ samaricaṃ mehe varā sopalā
doṣāṇāṃ tritaye 'nupānam ucitaṃ sakṣaudram ārdrodakam (5.18)

Bei (Kolik-)Schmerz ist *hiṅgu* mit Ghee der passende Nachtrunk[1], bei anhaltendem Fieber ist es *kṛṣṇā* mit Honig, bei der *vāta*-Störung *rasonaka* mit Ghee, bei Luftnot *tryūṣana* mit Honig, bei Kälte ein Betelblatt mit *marica*, bei Harnbeschwerden *varā* mit Zucker und im Falle der Störung aller drei Körpersäfte der Saft von *ārdra* mit Honig.

ghanaparpaṭakaṃ jvare grahaṇyāṃ
mathitaṃ hema gare vamīṣu lājāḥ
kuṭajo 'tisṛtau vṛṣo 'srapitte
gudakīleṣv analaḥ kṛmau kṛmighnaḥ (5.19)

Bei Fieber ist *parpaṭaka* mit *ghana* (der passende Trank nach dem Essen), bei *grahaṇī*-Störungen Buttermilch, bei Vergiftung *hema*, bei Erbrechen gerösteter Reis, bei Durchfall *kuṭaja*, bei Blutungen *vṛṣa*, bei stechenden Hämorrhoiden *anala* und bei Würmern *kṛmighna*.

nārāyaṇaṃ bhajata re jaṭhareṇa yuktā
nārāyaṇaṃ bhajata re pavanena yuktāḥ
nārāyaṇaṃ bhajata re bhavabhītiyuktā
nārāyaṇāt parataraṃ na hi kiñcid asti (5.20)

O Ihr mit Bauchbeschwerden! Nehmt *nārāyaṇa* (-Pulver)!
O Ihr mit *vāta*-Störungen! Nehmt *nārāyaṇa* (-Öl)!
O Ihr mit Angst vor dem Sein![2] Nehmt Zuflucht bei Nārāyaṇa[3],
denn nichts ist größer als Nārāyaṇa.

āyurvedavidāṃ vicārasamaye dhanvantariḥ kevalaṃ
sīmā gānavidāṃ divākarasudhāmbhodhitriyāmāpatiḥ
uttaṃsaḥ kavitākṛtāṃ matimatāṃ bhūbhṛtsabhābhūṣaṇaṃ[4]
kāntoktyākṛta vaidyajīvanam idaṃ lolimbarājaḥ kaviḥ (5.21)

---

[1] Siehe oben, Fußnote zu Strophe 5.14. [2] Die Angst vor dem Sein i.S.v. »die Angst vor dem *saṃsāra*«. [3] Der Gott Nārāyaṇa. [4] *kavitākṛtāṃ* BORI, *kavitāvatāṃ* Pai.

Wenn die Āyurveda-Kundigen diskutieren, ist er Dhanvantari selbst. Er ist der Beste der Gesangskundigen, der Mond im Nektarozean des Divākara[1], die Krone der Dichtenden, ein Schmuckstück der königlichen Versammlungshalle für die Verständigen. Der Dichter Lolimbarāja verfaßte (*akṛta*) dieses *Vaidyajīvana* als Gespräch mit der Geliebten (Ratnakalā).

iti divākarasūnulolimbarājaviracite
vaidyajīvane sakalarogapratīkāro nāma pañcamo vilāsaḥ

So (endet) der fünfte Teil, genannt »Mittel für alle Erkrankungen«
im von Śrī Lolimbarāja, dem Sohn von Divākara,
verfaßten *Vaidyajīvana.*

[1] Divākara ist hier als Sonne und als Name des Vaters von Lolimbarāja zu verstehen.

ANHÄNGE

Anhang I: Arzneimittel

Die Namen der Arzneimittel wurden, ausgehend von der Identifikation durch Pai in seiner Ausgabe des *Vaidyajīvana* [Pai], dem *Petersburger Wörterbuch* und dem *Nachtragswörterbuch des Sanskrit*,[1] mit Meulenbelds Index *Sanskrit Names of Plants and their Botanical Equivalents* [Meul][2], den Arbeiten von Syed [Syed][3] und Sensarma [Sen][4] sowie der Materia Medica von Schrott und Ammon [SchrAm][5] überprüft. Manche Namen konnten nicht verifiziert werden, bisweilen war uns nicht möglich festzustellen, ob hinter zwei Namen oder unterschiedlichen Indentifkationen dieselbe Pflanze steht.[6]

Die Probleme, welche sich gelegentlich bei einer Identifikation von Pflanzen aufgrund von Sanskritnamen ergeben, können hier nur ansatzweise aufgezeigt werden. Zunächst verwenden die Autoren lexikographisch nicht immer belegte Varianten,[7] gelegentlich alternative Wortbildungen (*vālā* versus *vālaka*) oder einfach nur ein anderes Genus um das Metrum zu erfüllen (*vāsa* statt *vāsā*, ähnlich bei *dīpya* oder *kaṇā*). Beliebt sind auch Synonyme bei dafür geeigneten Namen: der »Wurmtöter« kann als *kṛmighna, kṛmidhvaṃsin* oder *kṛmiśatru* bezeichnet werden.

Manchmal werden die Fälle vielleicht unnötig kompliziert. Lolimba verwendet für das bekannte *devadāru* vermutlich aus metrischen Gründen und ad hoc *devataru.* Dieser Begriff kann aber auch alle möglichen weiteren Pflanzen bezeichnen. Ist nun Lolimbas *surataru* ein weiteres Synonym?[8]

Größere Probleme entstehen immer dann, wenn die Quellen mehrere botansichen Bezeichnungen für einen indischen Pflanzennamen bieten. Es gibt dabei verschiedene Möglichkeiten: (a) Manchmal steht hinter verschiedenen lateinischen botanischen Namen nach heutiger botanischer Auffassung ein und dieselbe Pflanze (wie beim Lotus). (b) Es könnte aber

1 Siehe nws.uzi.uni-halle.de 2 Meulenbeld, G. J.: *The Mādhavanidāna and its chief commentary: chapters 1–10.* Leiden 1974, S. 520–611. 3 Syed, R.: *Die Flora Altindiens in Literatur und Kunst.* München: Dissertation 1982, 1990. 4 Sensarma, P.: *Plant Names – Sanskrit and Latin.* (B. C. Department of Botany, Hrsg.) Ancient Science of Life, 1992, S. 201–220. 5 Schrott, E., & Ammon, H. P.: *Heilpflanzen der ayurvedischen und der westlichen Medizin.* Berlin/Heidelberg/New York: Springer Verlag 2012. 6 Entsprechende Unsicherheiten oder Vermutungen über die Identität von Einträgen werden mit ?= gekennzeichnet. 7 Z.B.: *śṛṅgibera* für *śṛṅgavera.* 8 Für welches Böhtlingk zur weiteren Verwirrung nicht *Cedrus deodara*, sondern das synonyme *Pinus deodara* gibt.

auch die moderne Botanik mehrere Pflanzen indentifizieren, die nach indischer Auffassung als eine gelten. (c) Ein Sanskritname kann in verschiedenen indischen Regionen verschiedenen Pflanzen zukommen.[1] (d) Schließlich sind einige Sanskritnamen auch beim selben Autor mehrdeutig, wie das Beispiel *śivā* zeigt.

Unsere Praxis, Pai als Quelle zu zitieren, war, immer dann, wenn es keine Angabe in der anderen Quellen gab, aus der Not geboren. Es bleibt jedoch völlig unklar, woher Pai seine Informationen bezog – eine Pflanzenidentifikation kann ja historisch richtig sein oder aber den zeitgenössischen Gebrauch spiegeln. Seine Angaben widersprechen gelegentlich nicht nur den modernen Wörterbüchern, sondern auch älteren Deutungen in Sanskrittexten. Zum Beispiel wird der nur einmal vorkommende Begriff *viṣatinduka* von Pai als *purified Croton seed* gedeutet, der Kommentator Rudrabhaṭṭa deutet das Wort als *viṣamuṣṭi*, populär *kucīla*, was hingegen für *Nux vomica* spricht. Eine Lösung ist nicht möglich. Ähnlich liegt der Fall bei *śuṣkamūlaka*, was nach Pai als *Croton oblongifolius* zu deuten sei. Nach Rudrabhaṭṭa ist die »trockene Wurzel« aber *vāla*! Die Materia Medica ist offenbar nicht nur für Europäer ein schwieriges Gebiet.

Hinzu kommt, daß Lolimbarāja sich bei der Angabe der Mittel gewisse poetische Freiheiten nimmt. Ein Beispiel wäre die Strophe 1.17, derzufolge eine Abkochung mit verschiedenen Mitteln, darunter *pīyūṣa*, empfohlen wird. Damit ist aber nicht der Wortsinn gemeint, also »Biestmilch«, sondern wie aus dem Kommentar hervorgeht ist das Wort in einer übertragenen Bedeutung als Pflanzenname zu verstehen, also »Nektar« im Sinne des gebräuchlicheren *amṛta*. Es geht also wohl um die Pflanze namens *amṛta*.[2]

Nicht systematisch aufgenommen wurden Pflanzen, die nicht als Arzneimittel, sondern in poetischen Bildern vorkommen.

---

[1] Diese Frage wird weiter verkompliziert durch Fragen der Verfügbarkeit von Pflanzen in einer bestimmten Region. Ein Beispiel wäre Pais Deutung von *puṣkara*, eigentlich »Lotus«, als *Inula racemosa*. Diese im Āyurveda verwandte Form des Alant ist in gemäßigten Klimaten, also am Nordrand des indischen Subkontinents, heimisch. Ob sie Lolimbarāja als Import aus dem Norden nach Mahārāṣṭra kannte, war nicht zu klären, ebensowenig, ob die gängige Deutung als »Lotus« bei āyurvedischen Mitteln überhaupt sinnvoll wäre.

[2] *pīyūṣādibhiḥ śabdair lakṣaṇayā tadvācakāny oṣadhāni grāhyāṇi.* Rudrabhaṭṭa ad 1.17.

akṣa 3.7 3.14 Terminalia bellirica (Gaertn.) Roxb. (Combretaceae) [SCHRAM 429] (dt.: grüne bellerische Myrobalane) = *vibhītaka* [MEUL 521]

agaru 1.59 Aquillaria agallocha Roxb. [SYED 27; MEUL 521 V2] (dt.: Aloeholz)

agni 2.20 2.27 4.23 Plumbago zeylanica L. (Plumbaginaceae) [SEN]

agnimanthā 1.46 Clerodendron phlomidis L. [MEUL 523 V5]

agyrā 3.27 die drei Myrobalane

ajamodā 2.9 2.24 4.20 4.23 Apium graveolens L. [MEUL 523 V1]

ajāji /ajājī 1.64 5.11 Cuminum cyminum L. (Apiaceae) [SCHRAM 204], Apium graveolens L. [MEUL 524 V1]

ativiṣa / ativiṣā 2.1 2.19 3.41 Aconytum heterophyllum [PAI] Aconitum ferox Wall. ex Ser. [pw] [MEUL 428 V1]

anantā 1.47 1.52 4.34 Fagonia creteca [PAI] Gmelina arborea Roxb. [pw]

anala 1.41 2.24 5.19 Plumbago zeylanica [pw]

anilaśatru 3.34 Ricinus communis

abda 1.39 1.70 2.3 2.7 2.11 2.22 3.37 3.41 3.42 4.13 4.21 Indian cyperus [PAI] Cyperus hexastachyus Nees [pw] [MEUL 428]

abhayā 1.20 1.39 1.41 Terminalia chebula (Gaertn.) Retz. (Combretaceae) [SCHRAM 430] [MEUL 428 V1 = *harītakī*] (dt.: große / schwarzbraune Myrobalane)

abhra 5.13 Talkumpulver [pw]

amadhura 1.69 Azadirachta indica (Rudrabhaṭṭa)

amara 1.41 4.21 4.37 Cedrus deodara

amarataru 1.47 Cedrus deodara

amṛta(latā) / amṛtā 1.16 1.35 1.48 1.60 1.61 1.65 1.69 1.70 2.1 2.2 2.3 3.22 3.30 3.36 3.41 4.7 4.10 4.19 4.41 5.3 Tinospora cordifolia (Willd.) Hook f. Thomason (Menispermaceae) [SCHRAM 432] (dt.: Tinospora)

ambu 2.7 3.41 Coleus vettiveroides [PAI] Cyperus hexastachyus communis Nees [pw] [MEUL 428 V2 = *bālaka*]

ambuja 3.2 Nelumbo nucifera Gaertn. (Nelumbonaceae) [SYED 620] (dt.: ind. Lotusblume)

ambuda 1.15 2.2 4.13 Cyperus hexastachyus communis Nees. [pw]

ambudvaya 3.41 Vettiyeria zizanoides und Coleus vettiveroides

ambhodhara 1.15 1.16 1.72 Indian cyperus

amla 4.23 Rheum emodi, Sauerklee [pw]

amlavetasa 4.20 Rheum emodi Wall. [MEUL 525 V3]

ayas 3.4 Gold (oder Metall/ Erz) [pw]

aralu 3.41 Colosanthes indica Bl. = Oroxylum indicum (L.) Benth. ex Kurz [pw]

aravinda 1.46 Nelumbo nucifera Gaertn. (Nelumbonaceae) [SYED 620] (dt.: ind. Lotusblume)

ariṣṭa 1.71 Azadirachta indica A. Juss. [pw] [MEUL 429 V1] (dt.: Niem-Baum)

aruṇā 3.43 4.11 4.35 Rubia cordifolia

arka 1.47 4.38 Calotropis procera. Calotropis gigantea L. [pw]

arka 5.10 5.13 [= *tāmrabhasma* PAI] Kupfer [pw]

arjuna 4.26 Terminalia arjuna Roxb. ex DC. W. A. (Combretaceae) [SYED 53] [SCHRAM 427] [MEUL 429 V1] (dt.: Arjunabaum)

aśmajatu 4.34 Asphalt

aśmabhid / aśmabheda 4.34 Plectranthus scutellarioides

āmalaka 1.73 2.12 5.3 Emblica officinalis Gaertn. = Phyllanthus emblica L. (Pyllantaceae) [SYED 46] [SCHRAM 272] [MEUL 527 V1] (dt.: Amla-Frucht, ind. Stachelbeere)

āmra 2.12 Mangifera indica L. (Anacardiaceae) [SchrAm 397] [Meul 527] (dt.: Mangobaum)

āragvadha 4.34 Cassia fistula L. [pw]

āruṣkara 4.16 die Frucht von Semecarpus Anacardium L. [pw]

ārdra 3.4 5.18 frischer Ingwer [pw] [Meul 527]

ikṣura 4.34 Hygrophila spinosa. Hygrophila auriculata Schumach [Pai] Astercantha longifolia (L.) Nees [pw]

iṅgudī 4.36 Balanites indica [Pai] Balanites aegyptiaca L. [Syed 121]

indra / indraja 1.41 1.65 1.73 2.3 2.8 2.12 2.23 2.28 3.36 Holarrhena antidysenterica = *kuṭaja*

indrayava 3.22 Holarrhena antidysenterica (Samen) [Meul 528 = Samen von *kuṭaja*]

ugragandhā 1.39 1.47 Acorus calamus L. (Acoraceae) [SchrAm 130] (dt.: Kalmus)

ugrā 1.64 4.6 4.36 4.38 Acorus calamus L. (Acoraceae) [SchrAm 130] (dt.: Kalmus)

uccaṭā 5.4 5.5 Abrus precatorius [pw]

uttaraṇī 3.35 Citrullus colocynthis

udaka 1.19 = *netravāla* [Pai] (= Pavonia odorata Saxena)

udumbara 5.7 Ficus glomerata Roxb. [pw] [Meul 528 V1]

upakulyā 4.21 langer Pfeffer

upalā 4.3 5.18 Zucker

uśīra 1.16 1.72 2.19 Vetiveria zizanoides Nash. [Meul 529 V1] = Andropogon muricatus [pw] Andropogon Laniger [Meul 530 V2]

ūṣaṇa 5.15 Piper nigrum L. (Piperaceae) [pw] [Sen] = *marica* [Meul 530 V1]

eraṇḍa 3.21 4.11 4.34 Ricinus communis L. (Euphorbiaceae) [SchrAm 294] [Meul 431] (dt.: Rizinus, Wunderbaum)

elā 4.13 4.33 4.34 Elettaria cardamomum (L.) Maton (Zingiberaceae) / [SchrAm 218] [Meul 531 V1] (dt.: Kardamom)

oṣadhi / auṣadha 1.48 4.38 trockener Ingwer

kaṭaṅkaṭerī 3.37 Berberis aristata [Pai] Gelbwurz [pw]

kaṭukā 1.20 2.23 4.21 Picrorhiza kurroa Royle ex. Benth (Plantoginaceae) [SchrAm 418] [Meul 533 V1] (dt.: gelber ind. Enzian, Kurukraut)

kaṭutaila 3.10 Öl aus Brassica nigra, B. juncea oder B. hirta [pw]

kaṭutraya 3.20 Ingwer, schwarzer und langer Pfeffer [pw]

kaṭurohiṇī 1.66 Picrorhiza kurroa Royle ex. Benth (Plantoginaceae) [SchrAm 418] [Meul 534 V1] (dt.: gelber ind. Enzian, Kurukraut)

kaṭṭṛṇa 1.39 Cymbopogan schoenanthus

kaṭphala 1.36 1.39 1.41 Myrica nagi Thumb. (Myriacaceae) [Sen]

kaṭvaṅga 2.12 Calosanthes indica = Oroxylum indicum (l.) Vent. [pw]

kaṇa / kaṇā 1.36 1.37 1.48 1.50 1.52 1.55 1.61 1.62 3.6 3.12 3.16 3.28 4.24 4.29 4.33 5.10 Piper longum L. (Piperaceae) [pw] [Meul 535 V1] (dt.: Langkornpfeffer)

kadalī 4.14 5.13 Musa paradisiaca L. (Musaceae) [Syed 162] [SchrAm 406] [Meul 431] (dt.: Banane)

kanaka 5.16 Datura (Stechapfel)

kanakasundara 5.12 Eigenname einer Zubereitung

kapho 'bdheḥ 3.26 = *samudraphena* = »Tintenfischknochen«

karañja 4.20 Pongamia glabra [Pai] Pongamia pinnata (L.) Merr. (Fabaceae) [Syed 176] [SchrAm 399] [Meul 537 V1] (dt.: Pogamia-Ölbaum)

karcūra 4.20 Curcuma zedoaria

kalaśī 1.16 Uraria Picta [PAI] Gloriosa superba L. (Liliaceae) [SEN]

kaliṅga 4.6 4.21 Holarrhena antidysenterica (G. don) Wall. ex A. DC. (Apocynaceae) (dt.: Kurchi-Bitter-Oleander)

kalidruma 3.3 3.16 Terminalia belerica (Gaertn.) Roxb.

kāśa 4.33 Saccharum spontaneum (Wurzeln) [PAI] Saccharum spontaneum L. [pw] [MEUL 543]

kāśmīra 1.59 Crocus sativus L. [pw] (dt.: Safran)

kāsīsa 4.18 Eisensulfat Eisenvitriol Fe(II)-Sulfat [pw]

kirāta(-ka) / kirātatikta 1.15 1.16 1.20 1.41 1.47 2.1 2.23 3.36 4.37 Swertia chirayita (Roxb.) H. Karst. (Gentianaceae) [pw] (dt.: Chirettakraut)

kuñjarāśana 4.25 Ficus religiosa [pw]

kuṭaja 2.11 2.22 2.23 5.19 Holarrhena antidysenterica (G. don) Wall. ex A. DC. (Apocynaceae) [SYED 211] [SCHRAM 393] [MEUL 543 V1] (dt.: Kurchi-Bitteroleander)

kulaka 1.65 Trichosanthes dioica [pw]

kulattha 3.24 Dolichos biflorus L. [pw] [MEUL 544 V1]

kuśa 4.33 Poa cyanosurioides (Wurzel) = Desmostachya bipinnata (l.) Merril et Perry

kuṣṭha 4.35 4.38 Saussurea lappa [PAI] Saussurea uricutata = Saussurea costus (Falc.) Lipschitz [pw] [MEUL 545 V1]

kustumbarī 3.4 4.20 Coriandrum sativum

kṛmighna / kṛmidhvaṃsin / kṛmiśatru 1.41 3.20 5.19 Embelia ribes Burm. (Myrsiniaceae) [SEN] [MEUL 435]

kṛṣṇā 1.51 2.24 3.43 5.18 Piper nigrum L. (Piperaceae) [pw] [MEUL 545 V1] (dt.: Schwarzer Pfeffer)

kola / kolikā 2.24 4.13 5.13 Zizyphus jujuba Mill. [pw] [MEUL 547 V1]

kauntī 4.34 Piper aurantiacum wall [PAI]. Ein best. Parfum [pw]

kṣāradvandva / kṣāradvaya 2.24 4.20 auch *dvikṣāra* (*sarjikṣāra* und *yavakṣāra*), Natron and Ätzkali [pw]

kṣudrā 1.60 Desmodium gangeticum

khadira 3.7 4.6 Acacia catechu Willd. [SYED 257] [MEUL 548 V1]

kharjūphala 2.17 Phoenix sylvestris [SYED 269] (dt.: Frucht der wilden Dattelpalme)

kharpara 5.11 reines Zinkkarbonat

gaṅgādhara 2.12 Eigenname des Pulvers

gandha(-ka) 4.12 5.11 5.13 Schwefel [pw]

garala 5.11 5.12 5.15 Aconytum heterophyllum [PAI] Aconitum ferox L. [pw] (dt.: Eisenhut)

gavākṣī 3.39 Citrullus colocynthis (L.) Schrad. [pw] (dt.: Koloquinte)

girimṛd 3.32 roter Kalk, Rötel/Hämatit [pw]

guggulu 4.4 4.17 Commiphora wightii (Harz) [PAI] Commiphora mukul Hook. ex Stocks (Burseraceae) [SCHRAM 380] [MEUL 608 V1] (dt.: Harz der ind. Myrrhe)

guñjā 5.11 Abrus precatorius L. [MEUL 550 V1] (auch das Samenkorn als Gewichtseinheit)

guḍūcī / guḍūcikā 1.37 1.62 3.6 3.23 Tinospora cordifolia (Willd.) Hook f. Thomason (Menispermaceae) [SCHRAM 432] [MEUL 550 V1] (dt.: Tinospora)

gurupañcamūla/ -mūlī 2.4 3.1 5-Wurzelextrakt (»schwer«)

gairikā 4.17 roter Kalk, Rötel/Hämatit [pw]

gokṣura 4.33 4.34 5.4 Tribulus terrestris L. (Zygophylaceae) [SchrAm 318] [Meul 551 V1] (dt.: Erd-Burzeldorn, Erdsternchen)

gopī / gopikā 1.73 3.36 4.11 Hemidesmus indicus

gostanī 4.7 Vitis vinifera L. (Vitaceae) [pw] (dt.: Weinrebe)

granthi / granthika 1.41 3.16 4.20 Piper longum (Wurzeln) [Meul 551 V1]

ghana 1.37 1.52 1.61 1.65 2.5 2.6 2.19 3.2 3.36 5.19 Indian cyperus [Pai] Cyperus hexastachyus communis (Wurzel) [pw] [Meul 437 V1 = *musta*]

ghuṇadayitā 1.47 Aconytum heterophyllum

caṇaka 5.15 Bengal gram [Pai] Kichererbse (als Gewichtsmaß) [pw] Cicer arietinum L. [Meul 552]

candana 1.19 1.30 2.14 Santalum album L. (Santalaceae) [SchrAm 302, 276] [Meul 552 V1] (dt.: weißer Sandelholzbaum)

capalā 3.1 4.13 4.34 Piper longum L. (Piperaceae) (dt.: Langkornpfeffer)

cavya(-ka) / cavikā 1.41 2.24 2.26 4.20 Piper chaba Hunter [pw] [Meul 552]

citra(-ka) 2.10 2.23 2.26 4.20 Plumbago zeylanica L. (Plumbaginaceae) [SchrAm 421] [Meul 553 V1] (dt.: Ceylon-Bleiwurz)

cintāmaṇi 3.5 Eigenname des Pulvers

cirabilva 2.20 Pongamia pinnata [Pai] Pongamia glabra [pw]

cetakī 1.64 1.66 4.34 Terminalia chebula Retz. [pw]

chinnaruhā / chinnā / chinnodbhavā / chinnauṣadha 1.15 1.18 1.21 1.23 1.50 2.21 3.20 4.9 4.32 4.42 Cocculus cordifolius = Tinospora cordifolia (Thunb.) Miers [pw]

jambu 2.12 Eugenia Jambolâna [Pai] Syzygium cumini (L.) Skeels (Myrtaceae) [Syed 288] [SchrAm 312] [Meul 555 V1] (dt.: Jambolanabaum)

jaṭā 4.38 Nardostachys jatamamsi DC. (valerianaceae) [SchrAm 260] (dt.: ind. Narde)

jatu 1.71 Gummi (gum)

jantujit / jantuśatru 2.5 4.23 Embelia ribes

jayā 5.12 (= *vijayā* Rudrabhaṭṭa) Hanf [Pai] als Name von bis zu 7 Pflanzen belegt

jaraṇa 3.4 Cuminum ciminum

jala 1.22 1.29 2.28 Coleus vettiveroides

jalaja 1.22 Vettiveria zizanoides (Wurzel) Chrysopogon zizanioides (Wurzel) oder: Nelumbo nucifera [Syed 646]

jalada 3.4 Cyperus rotundus = *mustā* [Meul 438]

jaladhara 2.21 Cyperus rotundus

jātīpravāla 4.7 weiche Blätter des Jasmin. Jasminum grandiflorum L. (Blätter) [pw]

jātīphala 2.17 Myristica fragrans Houtt. (Myristicaceae) [SchrAm 407] (dt.: Muskatnuss)

jīra 2.24 4.15 5.15 Cuminum cyminum L. (Apiaceae) [SchrAm 204] [Meul 438] dt: Kreuzkümmel)

jīraka 4.12 4.20 4.37 5.14 Cuminum cyminum L., schwarz und weiß [pw] [Meul 556 V1]

jīrayugma 4.23 Cuminum ciminum, schwarz und weiß

ṭaṅkaṇa 5.12 Borax [pw]

taṇḍula 2.12 2.14 2.18 2.22 3.38 3.40 4.33 Oryza sativa Gaertn. (Poaceae) [SchrAm 415] [Meul 558 V1] (dt.: Reis)

taṇḍulīya 3.38 Amaranthus tricolor [Pai] Amaranthus spinosus L. (Amaranthaceae) [SchrAm 144] [Meul 558 V2] (dt.: dorniger Fuchsschwanz)

tarkārī 1.47 Clerodendron phlomidis L. [Meul 438 V1]

tāmbūla 2.9 5.1 Betelblatt Piper betle L. [pw]

tāla 5.11 Orpiment, Auripigment = Arsenblende As_2S_3 [MEUL 519]

tiktaka 1.48 Swertia chirata

tiktā 1.38 1.48 1.52 1.72 1.73 2.3 2.22 3.30 3.36 4.37 5.10 Picrorhiza kurroa Royle ex. Benth (Plantoginaceae) [SCHRAM 418] (dt.: gelber ind. Enzian, Kurukraut)

tittiḍīka 4.20 Tamarindus indica, die indische Tamarinde (= *tintiḍīka*) [pw]

tila 3.37 4.16 Sesamum indicum L. (Pedaliaceae) [SCHRAM 304] [MEUL 558 V1] (dt.: Sesam)

tīkṣṇa 2.5 4.39 langer und schwarzer Pfeffer [pw]

tuttha 5.11 blauer Vitriol, Kupfersulfat [pw]

tejavatī 4.21 Piper chaba

trāyantī 1.48 Gentiana kurroo [PAI] Scindapsus officinalis Scott. (Araceae) [SEN] Ficus heterophylla [pw]

trikaṭu 1.41 2.24 3.17 4.6 4.12 4.23 die drei scharfen Stoffe: Ingwer (Zingiber officinale), schwarzer und langer Pfeffer (Piper nigrum und longum) [pw]

trikaṇṭa(-ka) 1.16 5.3 Tribulus terrestris (= *gokṣura*) [MEUL 441 V1]

trijāta 3.4 Cinnamomum tamala (*tamalapatra*), Cinnamomum zeylanicum (*tvac*), Elettaria cardamomum (*ela*) [SCHRAM 49] Zimt, Kardamom und Muskatnuss [pw]

triphalā 1.53 3.30 4.4 4.6 4.7 4.19 die 3 Myrobalanen: die Früchte von Terminalia chebula, T. bellerica und Phyllanthus emblica [pw] = *harītakī, āmalakī, vibhītaka* [MEUL 468]

triyāmā 4.7 Kurkuma Gelbwurz [pw]

trivṛt 4.6 5.10 Operculina turpethum [PAI] = Ipomoea turpethum [pw]

tryūṣaṇa 1.59 2.23 3.5 5.18 Ingwer, schwarzer und langer Pfeffer (= *tryuṣaṇa*) [pw]

tvac 5.15 Cinnamonum zeylanicum [PAI] Zimt, Cinnamomum verum J. Presl [pw] [MEUL 561 V1]

dadrughna 1.60 4.38 Plumbago zeylanica

danti 4.18 5.10 Baliospermum montanum [MEUL 561 V1]

daśamūla 3.21 10-Wurzel-Sud. *5 laghu*: *śālaparṇī* (Desmodium gangeticum), *pṛśniparṇī* (Uraria logopoides), *kaṇṭakārī* (Solanum xanthocarpum), *bṛhatī* (Solanum indicum), *gokṣura* (Tribulus terrestris) *5 bṛhat/guru*: *bilva* (Aegle marmelos), *agnimantha* (Premna integrifolia), *śyoṇāka* (Oroxylum indicum), *pāṭalā* (Stereospermum suaveolens), *kāśmarī* (Gmelina asiatica) [SCHRAM 48]

daśāṅghri 4.32 10-Wurzel-Sud

dahana 5.15 Plumbago zeylanica [pw]

dāḍima 2.13 Punica granatum L. (Lythraceae) [SCHRAM 286] [MEUL 562 V1] (dt.: Granatapfel, Paradiesapfel)

dāru 1.37 3.36 4.32 Cedrus deodara (Roxb. ex D. Don) G. Don (Pinaceae) [SCHRAM 375] [MEUL 442] (dt.: Himalayazeder)

dārvī 1.46 4.7 Berberis aristata D.C. (berberidaceae) [SCHRAM 170] = *dāruharidrā* [MEUL 562 V1]

dīpya 1.41 2.11 2.25 3.4 4.23 4.24 4.25 Apium graveolens [MEUL 563 V1], Ptychotis ajowan

duḥsparśa 1.20 1.48 3.41 4.33 Fagonia cretica [PAI] Hedysarum alhagi L. (Fabaceae) [SEN] laut pw 6 weitere Pflanzen

durālabhā 4.30 Fagonia cretica [PAI] (?=) *yavāsa* [MEUL 563]

deva 4.21 Cedrus deodara

devataru 1.39 Synonym einer ganzen Reihe von Bäumen, hier vielleicht *metri causa* für *devadāru*

devadāru 1.14 2.5 3.5 3.22 Cedrus deodara (Roxb. ex D. Don) G. Don (Pinaceae)

[SchrAm 375] [Meul 442] (dt.: Himalayazeder)

devadālī 3.31 Luffa echinata [Pai] eine best. Cucurbitacee [pw]

devadhūpa 4.11 das Harz der Shorea robusta [pw]

daityendra 4.15 Schwefel

drākṣā 1.20 1.53 1.73 Vitis vinifera L. (Vitaceae) [SchrAm 328] [Meul 564] (dt.: Weinrebe)

dvikṣāra 2.25 Natron and Ätzkali (*sarjikṣāra* und *yavakṣāra*)

dvijaraṇa / dvijīra 4.15 4.23 Cuminum cyminum und Nigella indica [pw] (dt.: Kümmel und Schwarzkümmel)

dviniśā 4.15 Berberis aristata

dviparṇī 2.19 Śālaparṇī und Praśniparṇī

dviyāminī 4.25 Kurkuma und Berberis aristata

dvyāmalakī 1.73 Emblic officinalis und Phyllanthus niruri

dhattūra 5.16 Datura (Stechapfel)

dhana / dhanā / dhanikā 1.14 1.39 1.55 2.19 3.6 4.36 Coriandrum sativum

dhanvayāsa 1.15 Fagonia cretica

dhātakī 2.12 Woodfordia floribunda [Pai] Woodfordia fruticos (L.) Kurz. (Lythraceae) [Meul 564 V1] [Sen]

dhātri / dhātrī 1.62 3.32 Emblica officinalis [Pai] Phyllanthus emblica L. (Pyllantaceae) [SchrAm 272] [Meul 565 V2] (dt.: Amlafrucht, ind. Stachelbeere)

dhānya 1.23 1.34 1.72 2.2 2.6 2.7 3.40 3.41 Coriandrum sativum L. [pw] [Meul 565]

dhāvanī 1.73 3.6 4.37 Solanum indicum

dhūrta 5.10 Datura (Stechapfel)

nalada 1.55 Vettiveria zizanioides

nāga 4.13 Mesua ferrea = *nāgakeśara* Mesua ferrea L. (Guttiferae) [Syed 354] [SchrAm 398] [Meul 566 V1] (dt.: Nagasbaum, Eisenholz)

nāgara 1.46 1.62 2.12 2.17 2.19 2.22 3.6 3.9 3.22 3.33 4.20 4.32 getrockneter Ingwer = Zingiber officinale Roscoe [pw] [Meul 567]

nārāyaṇacūrṇa 5.20 Eigenname einer Zubereitung »Nārāyaṇa-Pulver«

nārāyaṇataila 5.20 Eigenname einer Zubereitung »Nārāyaṇa-Öl«

nimba 1.25 1.53 1.65 3.30 4.6 4.19 Azadirachta indica A. Jus (Meliaceae) [Syed 372] [SchrAm 162] [Meul 443] (dt.: Niem-Baum)

nimbū 4.12 4.22 Citrus medica L., Zitrone [pw] [Meul 567 V1]

nirguṇḍikā 1.60 Vitex negundo L. [Syed 380] [Meul 443]

niśā 3.24 4.21 4.37 Kurkuma = *haridrā* Curcuma longa (L.), Syn.: C. domestia Val. (Zingiberaceae) [pw] [Meul 444] (dt.: Gelbwurzel, Kurkuma)

nyagrodha 4.35 Ficus indica, Ficus benghalensis L. [Syed 389] = *vaṭa* [Meul 569] (dt.: Banyan-Baum)

pañcakola 4.37 Pulver der Wurzeln von langem Pfeffer, schwarzem Pfeffer, Piper chaba, Plumbago zeylanica und trockenem Ingwer

pañcabhadra 1.18 Eigenname einer Zubereitung

pañcamūlī 1.35 1.51 5 Wurzeln = Desmodium gangeticum (*śālaparṇī*), Uraria picta (*pṛśniparṇī*), Solanum indicum and Solanum melongena (*bṛhatīdvaya*) and Tribulus terrestris (*gokṣura*) [pw] *5 laghu*: *śālaparṇī* (Desmodium gangeticum), *pṛśniparṇī* (Uraria logopoides), *kaṇṭakārī* (Solanum xanthocarpum), *bṛhatī* (Solanum indicum), *gokṣura* (Tribulus terrestris) [SchrAm 50]

pañcāṅghri 1.49 2.3 Zusammenstellung von fünf verschiedenen Wurzeln [pw]

pañcāṅghriyugma 3.22 = *daśamūla*

pañcāmṛtaparpaṭī 5.13 Eigenname einer Zubereitung

pañcoṣaṇa 1.47 Wurzeln von Piper longum, Piper nigrum, Piper chaba, Plumbago zeylanica und Ingwer. Die fünf Pfeffer [pw] = Zingiber officinale (*śuṇṭhī*), Terminalia chebula (*harītakī*), Piper longum (*pippali*, Frucht), Operculina turpethum (*trivṛt*), Sauvarchalasalz (*sauvarcala*) [SCHRAM 50]

paṭu 3.24 Salz [pw]

paṭutraya 2.24 3 Salzarten: *viḍa, rucaka, saindhava*

paṭuvraja 2.25 5 Salzarten: *saindhava, rucaka, viḍa, sāmudraka, gaḍa* (?)

paṭola 1.53 1.66 4.19 4.38 Trichosanthes dioica Roxb. [pw] [MEUL 569]

patraka 2.10 Cinnamomum tamala (Buch. Ham) T. Nees emberm (Lauraceae) [SEN] [MEUL 569]

pathyā 2.20 4.16 4.23 4.32 5.10 Terminalia chebula (Gaertn.) Retz. (Combretaceae) [SCHRAM 430] (dt.: große/schwarzbraune Myrobalane)

padma 1.28 Nelumbo nucifera Gaertn. (Nelumbonaceae) [SCHRAM 409] [MEUL 570 V1] (dt.: ind. Lotusblume)

padmaka 1.23 3.5 Cerasus puddum = Prunus cerasoides D. Don [pw] (dt.: Sauerkirsche)

padmāhva 2.2 Gewürznelke [pw]

payas 1.73 Coleus vettiveroides

payoda 1.22 Cyperus scariosus

payodhara 1.55 1.62 2.12 2.28 Cyperus rotundus [PAI] eine Art Cyperus [pw]

parpaṭa 1.18 1.19 1.20 1.21 1.39 1.48 1.72 4.19 5.19 Fumaria parviflora Lam. [MEUL 438 V4]

parvatabhid 4.33 Plectranthus scutellarioides

pāñcālī 1.17 Piper longum

pāṭhā 2.5 2.22 4.21 4.37 4.38 Cissampelos pariera L. (Menispermaceae) [SCHRAM 377] [MEUL 573 V1] (dt.: Samtblatt)

pālinī 1.73 Gentiana kurroo [PAI] Ficus heterophylla [pw]

pāṣāṇabhid 4.33 Plectranthus scutellarioides

piṇḍataila 4.11 zur Herstellung siehe dort

picumanda 1.23 3.34 Azadirachta indica A. Juss. [pw] [MEUL 445] (dt.: Niem-Baum)

pippalī 1.49 1.64 3.13 4.20 5.12 Piper longum L. (Piperaceae) [SCHRAM 276] [MEUL 575] (dt.: Langkornpfeffer)

pīyūṣa 1.17 i. S. v. *amṛtā* Tinospora cordifolia

punarnavā 2.20 4.32 Boerhavia procumbens [pw] Boerhaavia prepens L. [MEUL 575 V1a]

purā / pura 1.41 4.32 Commiphora mukul [PAI] Guggul (Bdellium, indische Myrrhe)

puṣkara 1.36 1.37 4.20 Inula racemosa [PAI], Nelumbo nucifera Gaertn. (Nelumbonaceae) [SYED 667] (dt.: Lotus)

pauṣkara 1.41 1.48 Inula racemosa

pramadā 1.20 Setaria italica oder Callicarpha macrophylla [PAI] Stechapfel [pw]

phalatraya / phalatrika 3.5 3.20 die drei Myrobalane [pw]

phalāsthi 2.12 harter Ingwer [PAI] Kokosnuss [pw]

bakula 4.27 Mimusops elengi L. [SYED 238] [MEUL 580]

badara 2.25 Zizyphus jujuba Lam. [pw] [MEUL 580 V1]

babbūla 3.7 Acacia arabica

barbarī 4.20 = *barbara* Ocimum basilicum L. (Lamiaceae) [SCHRAM 266] [MEUL 580] (dt.: Basilikum)

balā 1.72 2.3 3.5 3.41 Sida cordifolia L. (Malvaceae) [SchrAm 424] [Meul 461 V1] (dt.: Sandmalve)

bali 5.10 5.12 5.16 Schwefel

bāṇapuṅkha 2.20 = *śarapuṅkha*. Baleria caerulea Roxb. [Syed 460]

bāla(-ka) 2.2 2.6 Coleus vettiveroides [Pai]

bāhlīka 1.39 5.15 Ferula asa foetida L. [pw]

bimbī 4.37 Coccinia indica. Coccinia cordifolia Roxb. [Syed 463] [Meul 582]

bilva 2.2 2.3 2.7 2.10 2.11 2.15 2.19 2.20 2.22 2.28 3.42 Aegle marmelos Roxb. [Syed 467] [Meul 582]

bṛhatikā / bṛhatī 1.14 1.16 1.48 1.52 Solanum indicum L. [pw] (?=) [Meul 583 V1]

bṛhatīdvaya / bṛhatikādvaya 1.14 1.16 1.41 Solanum indicum und Solanum melongena, zwei Solanum-Arten [pw]

bola 4.25 Balsamodendron myrrha. Myrrhe = Commiphora myrrha (Nees) Engl. [pw]

bhallāta(-ka) 4.18 4.32 Semecarpus anacardium L. [pw] ?= [Meul 447]

bhallī 3.37 Semecarpus anacardium L. [pw]

bhārṅgī 1.37 1.39 1.41 1.48 3.6 3.15 Clerodendrum serratum

bhūtakeśī 1.41 Nardostachys jatamansi

bhūnimba 1.18 1.35 2.2 3.30 3.37 4.19 Swertia chirayita (Roxb.) H. Karst. (Gentianaceae) [SchrAm 308] (dt.: Chirettakraut)

bhṛṅga(-rāja) / bhṛṅgī 1.41 1.60 4.19 Eclipta alba [Pai] Eclipta prostrata L. (Asteraceae) [SchrAm 216]

magadhajā 1.73 Piper longum L. (Piperaceae) [SchrAm 276] (dt.: Langkornpfeffer)

mañjiṣṭha 3.42 Rubia cordifolia L. [Syed 485] [Meul 585]

madana 4.17 Bienenwachs [pw] =? [Meul 586]

madā 2.8 2.9 2.22 3.42 Woodfordia floribunda

madhuka 1.66 4.13 4.34 5.2 Glycyrrhiza glabra L. [Meul 587 V1a] Madhuca longifolia (J. Konig) J. F. Macbr [Syed 490]

manaḥśilā 4.15 Realgar oder roter Arsenik (Arsenmonosulfid oder Arsen(III)-oxid) [pw]

mandāra 4.8 Bauhinia (Blüten) oder Erythrina indica [Syed 432]

marica / marīca 2.26 3.7 3.11 4.15 4.20 5.12 5.18 Piper nigrum L. (Piperaceae) [SchrAm 278] [Meul 588 V1] (dt.: schwarzer Pfeffer)

markaṭī 5.4 Mucuna pruriens (L.) DC (Samen) cowhage plant [Pai] u.a. Galedupa piscidia, Carpopogon pruriens, Achyranthes aspera [pw]

mallī 2.11 Jasminum sambac (L.) Aiton [Syed 348] [Meul 448] (dt.: Jasmin)

masūra 4.35 Lens esculenta Moench. [Meul 589] (dt.: Linsen)

mahābhaiṣajya 4.37 trockener Ingwer

mahauṣadha 1.16 1.19 1.55 1.60 2.8 3.13 getrockneter Ingwer, u.a. [pw] [Meul 589] 3.29 Ferrum sulphuratum [pw]

mākṣika 3.29 Schwefelkies [pw].

mārkava 1.47 5.15 Eclipta alba [Pai] Eclipta prostrata L. [pw]

mālatī(-kā) 1.66 4.4 Jasminum grandiflorum [pw] [Meul 448 V4]

miśi 2.24 Anethum sowa [Pai] Anethum Panmori oder Anethum Sowa [pw]

munidruma 1.57 Moringa pterygosperma [Pai] Agati grandiflora oder Calosanthes indica [pw]

mustaka / mustā 1.20 1.35 1.66 1.73 2.23 3.41 3.43 4.37 Cyperus rotundus L. (Cyperaceae) [SchrAm 210] [Meul 590 V1] (dt.: Nussgras)

mūrvā 3.36 Triloba Heyne ex Roth [Meul 590 V3]

megha 2.8 Cyperus rotundus [pw]

meghanāda 1.68 Achyranthes aspera [PAI] Amaranthus polygonoides oder Butea frondosa [pw]

mocarasa 2.8 2.9 2.28 Exsudat des Śālmalī-Baumes

yava 1.71 Hordeum vulgare L. (Poaceae) [SCHRAM 234] [MEUL 590 V1] (dt.: Gerste)

yavakṣāra 4.21 Potassium carbonate [PAI] aus der Asche von grünen Gerstenähren bereitetes Ätzkali [pw]

yavānī 1.60 2.19 4.24 Cuminum ciminum oder Apium graveolens (unklar). Trachyspermum ammi (L.) Spragne ex. Turrill (Apiaceae) [SCHRAM 433] [MEUL 593 V1] (dt.: Sellerie, ind. Faltenohr)

yavāsa 4.7 Fagonia cretica L. [MEUL 593 V3]

yaṣṭīmadhu 2.12 3.40 Glycyrrhiza glabra L. (Fabaceae) [SCHRAM 228] (dt.: Süßholzwurzel)

yāsa 1.15 Alhagi pseudalhagi Desv. [MEUL 593 V1]

ratnakalācūrṇa 2.23 Eigenname einer Zubereitung: »Ratnakalās Pulver«

rambhā 5.13 Musa paraadisiaca L. (Musaceae) = *kadalī* [MEUL 449] (dt.: Banane)

ravi 4.18 Calotropis gigantia [pw]

rasa 3.24 5.10 Balsamodendron myrrha

rasa 4.15 Quecksilber (gereinigt)

rasaja 2.22 3.37 3.38 nach Rudrabhaṭṭa identisch mit → *rasāñjana.*

rasanā 1.47 Pluchea lanceolata

rasāñjana 4.21 mineralische Substanz, die von den Wörterbüchern unterschiedlich gedeutet wird: Stibnit, Kupfervitriol, Extrakt von Berberis asiatica usw.

rasona(-ka) 1.63 5.18 Allium sativum L. Alliaceae) [SCHRAM 136] (dt.: Knoblauch)

rājavṛkṣa 1.20 Cathartocarpus fistula = Cassia fistula L. [pw]

rātri 3.32 Curcuma longa (L.), Syn.: C. domestia Val. (Zingiberaceae) [pw] (dt.: Gelbwurzel, Kurkuma)

rāmaṭha 1.56 4.12 Ferula asa foetida L. [pw] [MEUL 449 V1]

rāsnā 1.41 1.46 1.48 3.5 3.20 3.22 4.37 Pluchea lanceolata

ruj 1.71 4.13 Saussurea lappa

rucaka 2.27 Sochalsalz, Natrum

ruvuka / ruvūka 3.22 4.38 weißer Rizinus (Wurzeln) Ricinus communis [pw]

reṇu 1.15 1.20 1.22 1.52 3.41 Fumaria parviflora

rodhra 3.42 4.36 Symplocos racemosa Roxb. [SYED 339]

laghupañcamūla 2.4 5-Wurzelextrakt

laghurājamṛgāṅka 4.39 Eigenname einer Zubereitung

lavaṅga 3.7 4.13 Syzygium aromaticu L. = Euginia caryophyllata Thunb. [MEUL 597 V1]

lavaṇa 4.23 4.24 Seesalz (allg. Salz) [pw] [MEUL 495]

laśuna 4.12 Allium sativum L. [pw] [MEUL 597]

lāja 4.13 5.19 gerösteter Reis/Körner

luṅga 1.40 1.46 2.25 3.40 Citrus medica L. [pw]

loka 1.17 Ingwer

lodhra 2.8 2.12 4.35 Symplocos racemosa Roxb. [SYED 339] [MEUL 597 V1]

loha 5.13 Eisen

lohitacandana 1.23 Pterocarpus santalinus (Sandalholz) [PAI] Safran, Crocus sativus L. [pw]

vacā 1.41 1.71 5.15 Acorus calamus L. (Acoraceae) [SchrAm 130] [Meul 451] (dt.: Kalmus)

vaṭa 4.13 Ficus indica [pw] [Meul 598]

vatsaka 2.2 2.5 2.13 Holarrhena antidysenterica [Pai] Wrighia antidysenterica [pw]

vatsādanī 4.11 Tinospora cordifolia (Willd.) Meirs. (Menispermaceae) [Sen]

varā 5.18 die drei Myrobalanen [pw] = *triphalā* [Meul 451 V1]

varuṇā 4.25 Crateva religiosa [Pai] Crataeva Roxburghii [pw]

vallī 1.31 eine Klasse von Arzneipflanzen [pw]

vallija 2.20 = *marica* [Rudrabhaṭṭa]

vārivāha 1.18 Indian cyperus [Pai]

vālaka / vālā 3.42 4.17 Coleus vettiveroides [Pai]

vāsa / vāsā 1.53 3.6 3.37 4.19 4.34 Adhatoda vasika [Pai] Justicia adhatoda L. (Acanthaceae) [SchrAm 248] (dt.: Malabarnußbaum)

vikasā 4.35 Rubia cordifolia

viḍa 4.20 4.23 Ammonium chloride [Pai] Eine Art Salz [pw] [Meul 495]

vidāri 5.6 5.7 Ipomia paniculata, Hedysarum gangeticum, Pueraria tuberose DC. [Pai]

vibhītaka 3.13 Terminalia bellirica Gaertn. [Syed 519] [Meul 601]

vilāsinīvallabha 5.16 Eigenname einer Zubereitung

viśva / viśvā 1.14 1.15 1.35 1.39 1.58 1.61 2.1 2.3 2.6 2.20 3.2 3.16 3.21 3.23 3.36 4.29 4.37 5.15 trockener Ingwer [pw]

viśvatāpaharaṇa 5.10 Eigenname einer Zubereitung

viśvabheṣaja 2.26 trockener Ingwer [pw]

viśvauṣadha 1.22 2.2 trockener Ingwer [pw]

viṣatinduka 5.10 gereinigte Krotonsaat [Pai] Rudrabhaṭṭa zufolge = *viṣamuṣṭi* = *kucīlā* Nux vomica

viṣā 1.73 2.2 2.5 2.11 2.12 2.21 2.22 3.41 Aconytum heterophyllum [Pai] Ein Aconitum [pw]

vṛkī 1.41 2.2 2.3 2.12 3.36 4.20 Cessampelos pariera. [Pai] Clypea hernandifolia [pw]

vṛkṣāmla 4.23 Tamarindus indica L. [Meul 601 V5]

vṛścīra 4.37 Boerhaavia diffusa

vṛṣa 1.15 1.58 1.60 3.30 4.21 5.19 Adhatoda vasika [Sen] Adhatoda vascia Nees. (Acanthaceae) [pw]

vella 3.5 Emblica ribes. Ficus indica, Ficus benghalensis L. [Syed 389] (dt.: Banyan-Baum)

vyāla 5.18 Betel [Pai] Plumbago zeylanica [pw]

vyoṣā 4.23 trockener Ingwer, langer Pfeffer und schwarzer Pfeffer

śakrāhva 1.60 Holarrhena antidysenterica. Wrightia antidysenterica (L.) R. Br. [pw]

śaṭī 1.48 1.52 Hedychium spicatum [Pai] Curcuma zedoaria [pw]

śamyāka 1.53 4.33 Cathartocarpus fistula = Cassia fistula L. [pw]

śārivā 3.42 Hemidesmus indicus (L.) R. Br. Ex Schult. (Sarsaparilla) [Meul 453 V1]

śigru 1.47 3.25 4.25 4.38 Moringa pterygosperma [Pai] Moringa oleifera Lam. (Moringaceae) [SchrAm 402] [Meul 603 V1] (dt.: Pferderettichbaum)

śilājatu 4.33 Asphaltum. Steinharz [pw]

śivā 1.21 1.48 1.58 1.61 1.69 1.70 1.71 3.2 4.8 4.24 4.29 4.33 Emblic officinalis, Terminalia chebula (unklar welche der Pflanzen gemeint ist)

śiśira 1.22 1.55 Pterocarpus santalinus (Sandel) oder Albizia lebbeck (L.) Benth. [SYED 579]

śīta 2.2 3.41 Sandelholz/-pulver. Santalum album L. (Dilleniaceae) [SEN]

śītāri 5.11 Eigenname einer Zubereitung

śuṇṭhī 1.18 1.37 1.52 2.9 2.21 3.15 4.24 Zingiber officinalis Rosc. (Zingiberaceae) [SCHRAM 332] [MEUL 604] (dt.: trockener Ingwer)

śulba 5.11 *tāmrabhasma* [PAI] Kupfer [pw]

śuṣkamūlaka 4.37 Croton oblongifolius [PAI = *śuṣkavālamūlaka* (Rudrabhaṭṭa)]

śūlibīja 5.16 Quecksilber

śṛṅgika 3.43 Rhus succedanea

śṛṅgibera 3.18 4.22 Ingwer [pw]

śṛṅgī 1.36 1.39 3.41 Rhus succedanea [PAI] Rhus acuminate DC (Anacardiaceae) [SEN]

śyāmā 1.67 2.10 4.35 Setaria italica Beauv. [MEUL 604 V3]

śrī 2.6 2.8 2.12 2.26 4.13 Aegle marmelos [pw]

śrīkhaṇḍa 1.27 4.13 4.35 Santalum album L. (Santalaceae) [SCHRAM 302] (dt.: weißer Sandelholzbaum)

śrīphala 1.73 Aegle marmelos [PAI] *bilva* [MEUL 454 V1]

ṣaṭkaṭu 2.25 »die 6 Scharfen«: trockener Ingwer, langer Pfeffer, schwarzer Pfeffer, wilder langer Pfeffer, Wurzeln des wilden Pfeffers und Plumbago zeylanica

ṣaḍgrantha 4.20 Acorus calamus L. (Acoraceae) [SCHRAM 130] (dt.: Kalmus)

samaṅgā 3.42 Rubia cordifolia [PAI] Rubiam munjista und cordifolia [pw]

sarpaphena 2.17 Papaver somniferum L. (Papaveraceae) [SCHRAM 270] (dt.: Schlafmohn, Opium)

sarṣapa 1.71 Senf, Senfkorn = Brassica nigra L. + B. alba L. [pw] [MEUL 606 V1]

sāra 2.25 Rheum emodi [Pai]

siṃhānana 4.28 Gedarussa vulgaris [pw]

siṃhāsya 1.20 4.2 4.11 Adhatoda vasica Nees. (Acanthaceae) [SEN]

siṃhikā 1.62 Solanum indicum

siṃhī 1.37 1.61 1.65 3.12 Solanum xanthocarpum Schrad. (Solanaceae) [SEN]

sindūra 4.15 Mennige [pw]

sindhuvāra 1.47 Symphorema polyandrum oder Vitex negundo L. [SYED 380]

sura(-taru, -dāru) 1.48 1.52 1.58 5.1 Cedrus deodara (= Pinus deodora [pw])

surarājayava 2.1 = *indrayava*

surasā 4.39 Ocimum basalicum [PAI] Ocimum sanctum L. (Lamiaceae) [SEN] [MEUL 608 V1]

suvarṇa 5.12 Datura (dt. Stechapfel) [pw]

suṣevyā 5.11 Momordica charantia

sevya 2.3 Vettiveria zizanoides [PAI] Pseudoraphis spinescens (R. Br.) Vickery (Poaceae) [SEN]

saindhava 1.40 4.12 4.17 4.20 4.22 5.14 Steinsalz [pw] [MEUL 495]

sauvarcala 4.20 4.23 ein künstliches Salz, das durch Kochen von Soda mit den Früchten der Emblica officinalis erzeugt wird, Sochal-Salz [pw] [MEUL 495]

stanayitnu 2.1 Indian cyperus [PAI]

sthirā 1.16 1.58 1.73 Desmondium gengeticum DC (Caesalpiniaceae) [SEN]

snuh 4.18 Euphorbia neriifolia [PAI]

hapuṣā 4.20 Juniperus communis Linn. (Cupressaceae) [SCHRAM 246] [MEUL 609 V2] (dt.: Wacholder)

haridrā 3.6 4.8 Curcuma longa (L.), Syn.: C. domestia Val. (Zingiberaceae) [pw] [MEUL 610 V1] (dt.: Gelbwurzel, Kurkuma)

harītakī 4.20 Terminalia chebula (Gaertn.) Retz. (Combretaceae) [SCHRAM 430] [MEUL

610 V1] (dt.: große/schwarzbraune Myrobalane)

havis 1.71 »Opfergabe«. Laut Rudrabhaṭṭa ad 1.71 ist Ghee gemeint.

hiṅgu 2.24 2.25 4.20 4.23 5.14 5.18 Ferula asa foetida L. (apiaceae) [SchrAm 234] [Meul 611 V1] (dt.: Asa foetida)

hiṅgula 5.12 Zinnober

hima 1.29 1.73 Santalum album L. (Santalaceae) [pw] (dt.: Sandelholz /-paste)

himāṃśu 1.29 Kampfer. Cinnamomum camphora

hutabhuj / hutāśa 1.46 3.20 4.18 Plumbago zeylanica [pw]

hema 5.19 Datura (Stechapfel)

hrībera 2.12 2.28 Coleus vettiveroides [Pai] Sida acuta Brum. (Malvaceae) [Sen]

Anhang II: Störungen und Erkrankungen

Es folgt eine Auflistung der im Originaltext benutzten Sanskrit-Termini mit medizinischem Hintergrund (u.a. Diagnosen, Pathologie) zusammengestellt aus Jollys *Medicin*[1] und fallweise auch Meulenbelds Index der *Technical Terms.*[2]

ajīrṇaruj Indigestion, Verdauungsstörung [77]

atisāra / atīsāra Diarrhoe, Durchfall [6, 30, 74–76, 107]

analaglāni Verdauungsfeuerschwäche [37]

annavidveṣaṇa Abneigung gegenüber Speisen

apāravīrya Virilität, unermessliche

amlapitta saure Galle, Dyspepsie mit Erbrechen oder Durchfall [79]

aruci Appetitlosigkeit, Ekel

aruṃṣikā Eruptionen auf dem Kopf, schmerzhaft (= *arūṃṣikā*) [96]

arocaka Appetitlosigkeit [78]

arjuna Augenkrankheit der Bindehaut [113]

arśa / arśas Hämorrhoide [105, 108, 117]

aśmarī Blasenstein [84]

aṣṭajvara acht Fieberarten

asra Blutung

asrātisāra Diarrhoe, Durchfall (blutig) (s. *atisāra*)

ādhmāna Aufblähen des Leibes

āma Verdauungsstörung, mit unverdauten Ausscheidungen [73f., 77f., 100]

āmasamīraṇa *vāta*-Störung mit Verdauungsträgheit (*āmavāta*)

udara Wasserbauch, Aszites [79–81, 100]

ūrustambha Oberschenkel-, Hüftsteifheit [119]

ekāhikajvara Wechselfieber, täglich

oṣa Brennen (u.a. der Haut)

kaṇṭhā Hals

kapha Schleim [MEUL 452] [40]

karṇaśūla Ohrschmerz [115]

kasanaka Husten (= *kāsa*) [89]

kāmalā Gelbsucht, Ikterus, schwerer Fall von [87]

kāmilā Gelbsucht, Ikterus

kāsa Husten [89]

[1] JOLLY, JULIUS. *Medicin.* [Grundriss der Indo-Arischen Philologie und Altertumskunde, III Heft 10]. 1901. [2] MEULENBELD, G. J.: *The Mādhavanidāna and its chief commentary: chapters 1–10.* Leiden 1974.

kīla Hämorrhoiden /oder Querlage unter der Geburt [64]

kukṣi Bauch, Unterleib

kuṣṭha Ausschlag (räudig) [17, 31, 73, 96–102]

kṛcchra Beschwerden

kṛmi Wurm [81]

kṣaya Auszehrung, Schwindsucht, Verfall [Meul 458] [18, 88f.]

kṣayaśiras Kopfschmerzen

kṣudhā Hunger

kṣunmāndya Hungermangel / Appetitlosigkeit

gaṇḍamālā Lymphknotenschwellung an Hals und Achseln [96, 103f.]

gara Gift, (pw): »ein best. leichteres Gift«

galaroga Kehlkopfkrankheit [92]

gudaruj Hämorrhoide, Erkrankung des Anus

gudāṅkura Hämorrhoidalblutung

gulma Tumor, Unterleibstumor [79f., 100, 102]

gulmārśa Hämorrhoiden-Schwellung (s. *arśa*)

grahaṇī / grahaṇikā Verdauungsorgan oberhalb des Nabels, Sitz des Verdauungsfeuers, Störung desselben [7, 30, 67, 75f., 107]

cāturthika Wechselfieber, den vierten Tag wiederkehrend

chardi / chardis Erbrechen [78]

jaṭhara Bauch-, Magen-Beschwerden

jaṭharāmaya Bauchkrankheit

jantu Würmer, Eingeweidetiere

jīrṇajvara anhaltendes, schwächendes Fieber (>14 Tage) [73]

jīrṇātisāra anhaltende Diarrhoe, Durchfall i.S.v. schwächend

jvara Fieber [70f.]

tanuvahni schwaches Feuer (der Verdauung)

tāpa / tapas Hitze

tiktata Bitterkeit

tṛtīyaka Wechselfieber, den dritten Tag wiederkehrend

tridoṣa gemeinsame Störung der 3 *doṣa* (*vāta, pitta* und *śleṣma*)

tridoṣajvara Fieber ausgehend von einer gemeinsamen Störung der 3 *doṣa* (= *saṃnipātajvara*) [71]

dantabandha Zähneklappern, Zähnezusammenbeißen, Zähneknirschen

dahana Verbrennen

dāha Brennen [92]

dāhameha Harnbrennen

durnāman Hämorrhoiden

dṛgvyādhi Augenkrankheit

naktāndhya Nachtblindheit [113]

netraroga Augenerkrankung [112]

pāka Entzündung, Eiterung

pāṇḍu Blässe [86]

pāmā Hautausschlag, Ekzem [97]

piṭaka Beulen, Pickel (= *piḍaka*) [100]

pitta Galle [Meul S. 474] [39f.]

pipāsā Durst

pīnasa Schnupfen [116f.]

puṣpāvarodha Amenorrhoe, Hemmung der vaginalen Blutung

prakopa Aufwallung

pradara Menorrhagien, Blutungen [50, 67]

prameha Harnkrankheit [83f.]

praruci Appetit

pralāpa Geschwätz, Phantasieren

pravāha Durchfall (auch blutig, *raktapravāha*)

plīha(-ruj) Milzschwellung (-schmerz) [80]

balāsa Schleim (= *kapha, śleṣman*) [91]

bahuvīrya Virilität, große

bādhā Beschwerden, Leiden

buddhibhraṃśa Verwirrung [45]

bhagaśūla Vaginalschmerz

bhrama Schwindel (= *bhramaroga*) [120]

mandāgni Verdauungsschwäche, schwaches Verdauungsfeuer

mahāsamīra »großer Wind« als Ausdruck der *vāta*-Störung

mukhāmaya Mundkrankheiten (= *mukharoga*) [117]

mūrchā Ohnmacht [120]

mūrdharoga Kopferkrankung

mohā Wahnvorstellungen

yakṣma Schwindsucht, Abmagerung [88]

raktapitta Hämorrhagie, Blutung

raktapravāha Diarrhoe, Durchfall (blutig)

rasāyana Elixier, Stärkungsmittel [13, 24, 28]

rājayakṣma Schwindsucht »Königskrankheit«

rudhira Blut, blutig

rudhiravikṛti blutige Veränderung bzw. Erkrankung

rudhirātisṛti Diarrhoe, Durchfall (blutig)

leha Leckmittel (Paste) [29]

vaṭī / vaṭikā Tablette, Pille [29]

vamī Erbrechen/Übelkeit (= *vamana*) [26]

vardhma Hernie [104]

vātarakta *vāta*-Störung, »Wind-Blut« hat u. a. Symptome wie bei Gicht [120]

vānti Erbrechen

vidradhi Abszeß innerer (gefährlich) [102]

vināśa Schwindsucht, Verfall

vibandha Einengung/Obstruktion [Meul 501]

viṣamajvara Wechselfieber, »uneben«, wiederkehrend, i.S.v. besonders gefährlich 72

viṣūcikā Brech-Durchfall [75–77]

vyaṅga Flecken, (Haut-) [96]

vyathā Schmerz

vyādhi Krankheit

vraṇa Wunde (Abszeß) [30, 109f., 112]

śarkarā Harngries

śītajvara kaltes Fieber (Fieber mit empfundener Kälte) [73]

śītātura Kälte-»Qual« (u.a. Fieber mit empfundener Kälte)

śukra Vitalität [41f.]

śukla Augenkrankheit mit weißem Fleck im dunklen Teil des Auges, »Fliegen-Sehen« [113]

śūla stechende Schmerzen, Kolik [77f.]

śaitya Kälte

śopha Geschwulst, Geschwür [31, 99f., 109]

śoṣa Auszehrung, Schwindsucht [88]

śrutimūla Ohr-Wurzel

śleṣman Schleim [40]

śvayathuruj Schwellung, Tumor [99]

śvasana / śvāsa Atembeschwerden, Luftnot [89f.]

saṅgabhaṅga Zerbrechen des Körpers/der Verbindungen

saṃnipāta Zusammentreffen von *vāta, pitta* und *śleṣma*-Störungen zu einer lebensbedrohlichen Erkrankung [46]

strīruj Frauenkrankheiten (= *strīroga*) [67]

sveda Schweiß [Meul 518] [27f.]

halīmaka Gelbsucht [87]

hikkā Schluckauf/Hicksen [89f.]

hṛtkṣud Herz-Stampfen, -Schlagen, Herzerkrankung

hṛdayaruj Herzbeschwerden [90]

hṛdroga Herzerkrankung [90]

hṛllāsa Herzklopfen/Herzstolpern

Anhang III: Metrik

anuṣṭubh 1.3, 1.4, 1.8, 1.9, 1.10, 1.13, 1.14, 1.17, 1.30, 1.32, 1.34, 1.35, 1.43, 1.44, 1.45, 1.51, 1.53, 1.57, 1.67, 1.72, 2.7, 2.10, 2.15, 2.19, 2.26, 2.27, 3.10, 3.11, 3.12, 3.13, 3.14, 3.15, 3.17, 3.18, 3.23, 3.28, 3.29, 3.30, 3.31, 3.32, 3.35, 4.1, 4.2, 4.9, 4.29, 4.30, 4.42, 5.7, 5.9, 5.14

indravajrā 1.5, 1.33, 1.60, 2.16, 3.6, 3.36, 4.19, 5.5

upajāti 1.7, 1.15, 1.18, 1.21, 1.24, 1.25, 1.36, 1.37, 1.38, 1.54, 1.56, 1.62, 1.63, 2.3, 2.4, 2.5, 2.6, 2.17, 2.18, 2.20, 3.1, 3.3, 3.5, 3.19, 3.20, 3.22, 3.37, 3.39, 3.40, 3.43, 4.7, 4.15, 4.16, 4.18, 4.28, 4.32, 4.40, 5.6, 5.16, 5.17

kalahaṃsa 1.6

toṭaka 1.70, 2.1, 3.2, 4.10, 4.31, 4.39

daṇḍaka 4.20, 5.13

dodhaka 1.23, 2.8

drutavilambita 1.12, 1.29, 1.55, 1.71, 4.12, 4.17, 4.26

bhujaṅgaprayāta 3.42, 4.8, 4.11

mandākrāntā 3.9, 3.24

mālabhāriṇī 3.21, 4.5, 4.6, 5.3, 5.19

mālinī 1.1, 1.64, 1.74, 3.27, 3.38

puṣpitāgrā 1.22, 1.68, 1.69, 3.26, 4.41

pṛthvī 1.11, 1.16, 1.65, 1.66, 5.12

pramāṇikā 3.33

pramitākṣarā 5.2

praharṣiṇī 5.1

rathoddhatā 1.19, 2.14, 4.25

vasantatilakā 1.27, 1.41, 1.50, 2.9, 2.22, 2.25, 2.28, 3.7, 3.25, 4.22, 4.27, 5.8, 5.10, 5.20

viyoginī 1.26, 1.40, 1.58, 1.75, 2.13, 3.34, 4.3, 4.4

śārdūlavikrīḍita 1.2, 1.20, 1.28, 1.31, 1.39, 1.46, 1.48, 1.49, 1.59, 1.61, 1.73, 2.2, 2.11, 2.12, 2.21, 2.23, 2.24, 3.4, 3.8, 3.16, 4.13, 4.21, 4.24, 4.33, 4.34, 4.35, 4.36, 4.37, 5.11, 5.13, 5.18, 5.21

śālinī 1.42

śikhariṇī 1.52, 4.14, 5.15

sragdharā 1.47, 3.41, 4.23, 4.38

sragviṇī 5.4

Anhang IV: Literatur

Böhtlingk, Otto von: *Sanskrit-Wörterbuch in kürzerer Form* (pw). St. Petersburg 1883–96 [Reprint: Delhi 1998].

Gerow, Edwin: *A Glossary of Indian Figures of Speech.* The Hague, Paris: Mouton 1971.

Hanneder, Jürgen, Jager, Stanislav, & Sanderson, Alexis: *Ratnakaṇṭhas Stotras.* München: Kirchheim Verlag 2013.

Jolly, Julius. *Medicin.* [Grundriss der Indo-Arischen Philologie und Altertumskunde, III Heft 10]. 1901.

Meulenbeld, G. J.: *A History of Indian Medical Literature.* Band II A. Groningen: Egbert Forsten 2002. [Lolimbarāja wird auf S. 257–262 behandelt.]

Meulenbeld, G. J.: *The Mādhavanidāna and its chief commentary: chapters 1–10.* Leiden 1974.

Müller, R. F.: *Kleine Schriften* (Bd. 39). (Glasenapp-Stiftung, Hrsg.) Wiesbaden: Harrassowitz 2008.

Pai, G. K.: *Vaidyajīvanam of Lolimbarāja. Critically Edited and Translated.* Mumbai: Ananthacharya Indological Research Institute 2006.

Saxena, N. *Vaidya Jīvana of Lolimbarāja.* Varanasi: Krishnadas Academy 2000.

Schrott, E., & Ammon, H. P.: *Heilpflanzen der ayurvedischen und der westlichen Medizin.* Berlin/Heidelberg/New York: Springer Verlag 2012.

Sensarma, P.: *Plant Names – Sanskrit and Latin.* (B. C. Department of Botany, Hrsg.) Ancient Science of Life, 1992, S. 201–220.

Sternbach, L.: *Indian Riddles.* Hoshiarpur: Vishveshvaranand Vedic Research Institute 1975.

Syed, R.: *Die Flora Altindiens in Literatur und Kunst.* München: Dissertation 1982, 1990.

Tripathi, Brahmananda: *Lolimbarāja aur unakī kṛtiyān. ek adhyayana. Lolimbarāja and his works: A study.* Varanasi 1977.

Wujastyk, Dagmar, Smith, F. M.: *Modern and Global Ayurveda.* New York 2008.